公路隧道通风技术研究
与优化设计

刘昌敏　著

吉林科学技术出版社

图书在版编目（CIP）数据

公路隧道通风技术研究与优化设计 / 刘昌敏著 . --
长春 : 吉林科学技术出版社 , 2023.10
ISBN 978-7-5744-0910-1

Ⅰ . ①公… Ⅱ . ①刘… Ⅲ . ①公路隧道—隧道通风—
系统设计 Ⅳ . ① U459.2

中国国家版本馆 CIP 数据核字 (2023) 第 197971 号

公路隧道通风技术研究与优化设计

著	刘昌敏
出 版 人	宛 霞
责任编辑	郝沛龙
封面设计	刘梦杏
制 版	刘梦杏
幅面尺寸	170mm×240mm
开 本	16
字 数	150 千字
印 张	9
印 数	1–1500 册
版 次	2023年10月第1版
印 次	2024年2月第1次印刷

出 版 吉林科学技术出版社
发 行 吉林科学技术出版社
地 址 长春市福祉大路5788号
邮 编 130118
发行部电话/传真 0431-81629529 81629530 81629531
81629532 81629533 81629534
储运部电话 0431-86059116
编辑部电话 0431-81629518
印 刷 三河市嵩川印刷有限公司

书 号 ISBN 978-7-5744-0910-1
定 价 78.00元

前　言

由于特长公路隧道需风量大，运营通风费用高，因此，往往出现特长公路隧道通风设备建得起但用不起的尴尬局面。特别是西部欠发达地区，这种情况更为严重。因此，在我国倡导节约型社会的背景下，认真搞好特长深埋隧道的通风设计对公路建设的可持续发展具有重要意义。

深埋特长公路隧道往往采用分段式纵向式通风方式，并采用地下风机房。目前，关于地下风机房的研究主要在于风机房的功能、组成及结构等，对其内环境、防灾设计的研究还处于空白。由于地下风机房与外界环境封闭，隧道内的污染空气和烟尘往往会扩散到风机房中并产生积聚，从而对人员和设备产生影响。同时，风机房内发生灾害也会对隧道环境产生影响，且由于地下结构的封闭性，发生火灾后具有烟气浓度大、温度高、救援困难、危害大的特点。

为了解决公路隧道通风节能问题，本书从以下几个方面进行了论述：

（1）针对目前隧道通风井设计中，根据现行规范采用 13~18m/s 的风速来控制通风井的断面积，很多时候是不经济的，也是不符合实际的这一现状，对隧道通风井经济断面积及经济风速进行了优化研究。

（2）对于隧道自然风利用这一热点问题，目前设计均将其作为阻力考虑，极大地浪费自然资源，并且由于自然风没有计算方法，无法确定其风速大小及风向，进而无从利用，本书对隧道内自然风形成机理、计算方法及隧道利用自然风节能通风设计进行了系统研究。

（3）现行规范对隧道用射流、轴流风机规定较少，且针对隧道轴流风机并联安全性、功率匹配关系并无相关研究，本书对隧道风机优化配置进行了研究。

本书通过对公路隧道机电设施、通风技术参考研究，给出了隧道利用自然风和隧道通风风机优化方法，并在此基础上提出系统设计的优化措施及方案建议。本书应用多专业领域知识融会贯通，注重知识层次递进，同时引入工程案例，注重理论与实践的结合。希望可以对广大读者提供借鉴或帮助。

由于作者时间和水平所限，书中难免存在不妥或者错误之处，恳请广大读者和专家批评指正，在此表示感谢。

目　　录

第一章　公路隧道工程机电工程设计

第一节　隧道供配电系统设计

一、隧道工程中供配电系统

隧道工程中供配电变电所设置通常为 10KV 的供配电系统，已达到整个隧道内的供电需求，受到多方面因素的影响，供配电设计经常会存在电压不稳的情况，在白天由于负载过多造成电压偏低，晚上又会呈上升趋势，隧道内照明灯受到这方面影响，长期处于不稳定的工作状态。如果出现电压较低现象，很容易造成触发器的误操作；当电压较高的时候，又造成不必要的能源损耗。不管是哪种情况，都不利于照明设备的正常运转，甚至减少照明灯具使用寿命。对隧道内供配电系统进行优化是非常重要的，能够提高电力系统的运行质量。由于隧道工程相对比较复杂，在设计上的要求也更为严格，相比于其他普通供配电系统，隧道供配电系统技术更具有多样化的特点。首先，供配电系统必须具有足够的可靠度和安全性。在隧道正常运行中，如果出现供配电系统问题，势必会对车辆行人的正常通行造成困扰，严重时甚至会产生安全事故，造成巨大损失。同时，供配电系统中对火灾事故的预防具有很重要的作用，需要满足一级负荷实行条件，相关部门对供配电设计必须严格按照相关技术标准认真落实，建设备用电源以确保隧道内供电系统的安全。其次，对于一些规模大、隧道长、工程量大的工程，需要配备足够数量的电气设备，在设计过程中应根据实际需要，科学选择设备的型号和规格，提高对电力设备质量的检查，避免由此因素造成的使用问题。最后，市政隧道供配电系统设计，除了要考虑自身的系统性要求，还应该关注配套设施的完善，确保整个工程项目能够具有足够的协调性，已达到共同发展的要求，如排水、通风、消防、监控等。另外，根据土建施工、电气施工等多方面要求及施工现场环境条件，做好隧道内照明设计的优化和安排，提高整个隧道运行的质量与安全系数。

二、公路隧道电气工程中的供配电设计要点

(一) 变压器容量设计

在公路隧道电气工程供配电系统设计中，变压器容量设计是重中之重，其设计效果直接关系到整个供配电系统运行的稳定性和可靠性。常规的设计方法为将一个隧道变电站中的总计算负荷一分为二。由两台同容量的变压器各自承担着总负荷的50%，一旦一台变压器发生故障需要检修，另一台变压器则承担全部供配电负荷。变压器容量设计中存在的最大问题是在公路隧道中，供配电系统负荷主要的照明负荷和通风负荷，在隧道通风设计中通常是按照一次设计、分期实施的模式建设的。因此，近期通风量相对比较小，通风负荷也就比较小。远期随着交通量的增加，通风负荷也会随之增加，近期和远期仅通风负荷就能相差数百千瓦时，如果按照远期负荷进行设计，必然会造成巨大的浪费。在变压器容量设计中进行负荷计算时，可按照近期负荷，考虑增设变压器，或者选择大容量的变压器来满足公路隧道远期通风负荷增加的需求。

(二) 强电和弱电设计

在公路隧道电气工程供配电设计中，需要做好强电和弱电的区别设计。强电包括通风系统、照明系统、供配电系统、变电所综合自动化系统等，弱电包括通信系统、监控系统及收费系统等。强电和弱电存在较大区别，在实际设计中应由不同的部门和设计人员共同完成。传统设计方法为通风系统、照明系统等，按照公路隧道监测系统检测到的隧道内部和外部实际情况，通过区域控制机来达到手动和自动联合控制的目的，虽然此种设计方法也可以达到统一功能的两套系统独立运行的目的，但在功能上存在重复设置的问题，而且在实际操作中，容易出现管理操作相互冲突的问题。为解决这一问题，设计人员提出了变电所综合自动化系统和隧道监控系统进行联网通信的方法，从而实现资源共享。

(三) 应急电源设计

为保证城市隧道工程的稳定运行，减少客观因素所造成的影响，应当配备高规格的应急电源，以防止出现电力供给中断问题后无法满足实际的运行需求。应急电源作为一种特殊的电源储备，其能在电力中断的第一时间启动，从而保证隧道内应急照明系统、消防系统和监控系统稳定运行。在设计阶段，需要根据城市隧道的实际负荷需求，包括电源类型、用电情况以及应急电源规格等基本因素，从而进一步确定应急电源的类型等。在选择应急电源时，应当优先考虑其安全性、稳定性与耐久性。若隧道所在的环境相对较为复杂，单一应急电源无法保障特殊情况下的电力供给，则可以设置多个不同类型的应急电源。消防类、监控类应急电源优先采用 UPS 蓄电池组，备用照明可采用 EPS 蓄电池组。

(四) 消防、排水设施末端配电设计

防火、防淹设计是城市隧道应急防灾不可或缺的基础组成部分，防火、防淹不仅仅要体现在隧道结构、隧道排水专业等方面，电气设计同样需要重视。从某种角度来看，科学的防火、防淹设计可以在很大程度上保证隧道工程的安全性，避免因为供配电系统故障而引发的火灾问题或因供配电系统故障，导致火灾蔓延、排水、排涝不及时，造成不可预估的人身伤亡或经济损失。在实际设计过程中，需要融入先进的设计理念和设计思维，以安全、可靠为原则，合理选取供配电方案及接线方式。而在开展电气设计的过程中，需要严格遵循火灾报警系统的基本要求，对消防负荷及排水设施负荷采用放射式供电 (变电所至设备末端)，并采取双电源末端切换措施，有效提升整个系统的安全可靠等级，降低中间配电级数带来的故障发生概率。此外，由于城市隧道工程自身具有一定的特殊性，实际中容易出现末端切换箱受潮、腐蚀及损坏等情况，这对于供配电系统的稳定运行无疑会造成一定的负面影响。因此，前期需对设备箱采取一定的防潮防淹措施，后期运维过程中定期对电缆线路、箱体进行检查，减少电缆、开关故障问题，确保系统的整体安全性与稳定性。

(五) 变压器保护装置设计

供配电系统稳定运行的重要保障之一就是变压器保护装置，断路器、负荷开关熔断器模式是相对普遍应用的，且作为中继电器应用甚广。负荷开关熔断器通常是采取开关切换负荷举措，利用熔断器切断短路故障线路，应用期间满足 10ms 内快速切换保护功效，使将供配电系统安全系数有效地提升。针对当前城市隧道实际情况，根据建设标准来建立优化与保护方案，对 500kVA 以内的容量变压器，采用高压负荷开关熔断器举措，对 500kVA 以上容量变压器，采取高压断路器，相互之间进行合理的选用及协调，则可以使供配电系统平稳工作。

(六) 电缆连接器的选取

城市隧道运行期间，造成供配电线路故障的因素较多，但其主要是由外力引发。在工作过程中，由于电缆连接器不完善的密封，从而导致漏电或故障。而且因施工期间的电缆接线工艺相对复杂，容易受到多种问题的干扰，诸如设计、人为、环境因素，且部分传统的电缆连接器体积大，所以进行安装工作时，很容易产生破坏或者积压等不良问题。为保证电缆分支连接的可靠性，根据工程实践，城市隧道内电缆连接采用成品防水绝缘穿刺线夹，安全可靠性高，适用于隧道潮湿环境，可操作性较高，进而防止因连接器故障情况导致停电问题。

(七) 电气节能

节能设计是电气设计的一项重点内容。尽管城市隧道工程对于电气系统的稳定性和安全性要求较高，但追求节能性能也是其一项基本属性。在设计电气系统时，需要从城市隧道基本需求的角度出发，在保证电力系统运行安全、可靠的基础上，再进一步追求经济性和节能性。设计人员应当客观计算整个电力系统的能耗情况，合理选择配电设备，避免功率过大而造成不必要的电力损耗，同时变电所电源尽量靠近负荷中心，缩短供电距离。此外，隧道内所使用的照明设备应当具备节能特性。

(八) 公路隧道照明智慧供电设计

照明系统是公路隧道主要的电力设备之一，由于公路隧道中的照明系统长期处于运行状态，能耗大，为有效降低能耗，需要用到智慧化供电技术。在变电站上设置上位机，区域低压配电柜，在公路隧道单洞输出两条母供电回路到隧道内下位机上，并在下位机上安排原照明配电箱的位置。在进行照明系统控制中，上位机和下位机都自带实时通信功能，下位机可对每一条输出回路进行单独的开关以及调压操作，从而按照不同的照明要求进行分组照明，无须全部开启。公路隧道洞口变电所上位机按照使用功能的不同，可细分为加强照明上位机、基本照明上位机、应急监控上位机三种。应急监控上位机前段需要配置不间断的供电系统，再通过上位机的滤波处理、补偿处理、稳压处理之后，输出 3.3kV 单相交流到隧道下位机上。通过下位机降压到 220V 之后，再为照明灯具提供电力。其中，加强照明主要负责对公路隧道入洞和出洞位置灯具的加强处理。基本照明和应急照明下位机相互交错布置在隧道其他照明配电洞室位置，在具体的供配电操作中，应急监控下位机需要配置 EPS 应急电源。因此，需要单独并联为一路接入应急照明供电上位机，而下位机则可以并联成一路，接入到加强基本照明上位机。下位机经过降压之后，就能输出单相交流 220V 电压，为隧道照明灯具供电。

第二节　隧道通风系统设计

一、隧道通风方式

公路隧道对运营通风的要求较高，可供选择的通风方式也较多，选择时主要的考虑因素是隧道的长度和交通流量。此外，还应适当考虑当地的气象、环境、地形等条件，在充分考虑了各种条件之后，才可能定出既有效又经济的通风方式。公路隧道的通风方式分为自然通风和机械通风两种。按行车道空间的空气流动方式，可将公路隧道的通风方式分为自然通风和机械通风。机械通风有纵向式、半横向式、全横向式、混合式。

在选择通风方式时，首先应确定隧道内所需的通风量，然后论证自然通风能否满足要求。如果不能，则应当采用机械通风。

（一）通风方式

1. 纵向式通风

纵向通风时，可以认为隧道内沿纵向流动的气流从入口至出口都是匀速的。这种通风方式使得空气的污染浓度由入口向出口方向呈直线增加。如果自然风从出口吹入隧道（单向交通）时，洞内浓度会增大。当洞内为双向交通时，交通风自然抵消，此时如有自然风吹入隧道，在下风方向的空气污染浓度也会增加。

纵向式通风的类型有射流式通风，风道式通风和集中排气式通风等，根据交通方式不同又可以有不同的具体设计。

（1）射流式通风。基本原理同前面介绍的铁路隧道射流通风，但公路隧道又有一些自己的特点。在同一个断面上设置一至两台风机，风机的纵向间距为150m左右，风机距洞口的距离可长些，可取200m。当隧道断面为圆形或马蹄形时，将风机吊挂于拱顶；当断面为矩形时，将风机分别置于顶板两角。

当然，具体还要看所需的通风量和车道上所允许的最大风速，规范要求，隧道行车道内由于机械通风产生的最大风速不宜超过8m/s，否则会令驾乘人员不适，并影响行车的稳定。如果交通量小，即使隧道再长一些也可运用。

（2）有竖井的纵向式通风。竖井用于排气时，起到了烟囱的作用，能收到很好的效果，但为了能达到稳定的通风效果，仍需安装风机。公路隧道的双向行车和单向行车，在竖井的设置位置上有所区别。双向交通的隧道，竖井宜设置在隧道中间；单向交通的隧道，则应设置在靠近洞口处，这样可以保证竖井正好位于污染浓度最大的地点，从而发挥最佳通风效果。当然，竖井的位置也还要结合施工需要来综合考虑。

2. 半横向式通风

纵向式通风的污染浓度不均匀，进风口处最低，出风口处最高。为使出口处的浓度保持在容许限度以下，只好加大通风量，但此时其他地方的污染浓度却相当低，这既不经济，又使隧道内风速过大。而半横向式通风，可使隧道内的污染浓度大体一致。送风式半横向通风是半横向通风的标准形式，新鲜空气经送风管吹向汽车的排气孔高度附近，直接稀释汽车排放的废气。如果洞内有行人，则可以吸到最新鲜的空气。污染空气在隧道上部扩散，经过两端的洞口排出洞外。

双向交通时，不论是送风方式还是吸风方式，如果双方的交通流量相等，两洞口的气象条件也相同，则隧道内的风压分布为中间最大，两洞口排出或送入的空气为等量。因此，在隧道的中点，空气是静止的，风速为零，这一点称为中性点。除这一点以外，风速向两洞口呈直线增加。

在送风方式中各处是相同的，而在吸风方式中是中性点处最大。如果双向的交通流量不等，或两洞口的气象条件发生变化，则中性点的位置也随之变动。

单向交通时，送风方式的中性点多半移至进口之外。送风方式的中性点则靠近出口，污染浓度和双向交通时一样，中性点附近污染浓度最高。

鉴于吸风方式的通风效率较低，且污染浓度非常不均匀，故一般不采用，而普遍采用送风方式。半横向式通风适用于 1km～3km 长的隧道。

3. 全横向式通风

上述几种通风方式都存在纵向风速较大和火灾时对下风侧不利的问题。因此，在长大隧道、重要隧道和水底隧道中，最好采用全横向式通风。这种通风方式同时设置送风管道和吸风管道，隧道内基本上不产生沿纵向流动的风，只有横方向流动的风。

双向交通时，车道的纵向风速大致为零，污染浓度的分布沿全隧道大体均匀。但是，在单向交通时，因为交通风的影响，在纵向能产生一定风速。污染浓度由入口至出口有逐渐增加的趋势，一部分污染空气会直接由出口排向洞外，这种排风量有时占很大比例。但通常情况下，可以认为送风量与吸风量是相等的，因而设计时也把送风管道和吸风管道的断面积设计成一样。

4. 混合式通风

混合式通风没有固定的方式，可以由上述几种基本通风形式组合而成，一般都是用于公路隧道。国外不乏采用混合式通风的隧道，其组合方式有多种，但也必须符合一般性的设计原则，力求既经济，又实用。

(二) 通风风速与交通条件

1. 风速要求

当隧道纵坡很大或很长时，所需的通风量会很大，因而可能使得车道空间沿隧道纵向流动的风速过大，对车辆产生不良影响，使人感到不舒服，此时应考虑改变通风方式或进行分段通风。此外，万一发生火灾，过大的风速会导致烟火迅速蔓延，危及下风方向的车辆和行人。因此，对风速应当有一定的限制。我国规定单向交通隧道设计风速不宜大于 10m/s，特殊情况可取 12m/s；双向交通的隧道设计风速不应大于 8m/s；人车混合通行的隧道设计风速不应大于 7m/s。

2. 交通条件对通风的影响

单向交通时，车速越大，活塞作用越显著。例如，车速为 50～60km/h，大约可以有 6m/s 的交通风 (活塞风)。这种情况以纵向式通风为宜。不过，车速与交通量有密切关系，随着交通量的增大，往往容易发生交通阻滞，导致车速降低，从而影响活塞作用的效果。这时交通风处于不稳定状态，最好改用半横向式或全横向式通风。车道的平均截面积与隧道的过风面积的比值是直接影响活塞作用的参数，比值越小，活塞风越大。具体说来，大型车所占百分比大时，活塞作用相对较大。双向交通的隧道则因为风流效果互为抵消，没有活塞作用。

(三) 通风设计标准

隧道运营通风的目的就是从洞外引进新鲜空气，冲淡隧道内的有害物质浓度，使空气满足卫生标准和能见度方面的要求。具体而言，就是应对空气中一氧化碳 (CO)、烟雾和异味进行稀释。其设计标准如下：

1. CO 设计浓度

采用全横向通风方式或半横向通风方式的隧道，以及人车混合通行的隧道 (长度不宜超过 2km)，CO 设计浓度可按表 1-1 取值；采用纵向通风方式时，CO 设计浓度可按表所列各值提高 0.05‰ 取值。交通阻滞 (隧道内各车道均以怠速行驶，平均车速为 10km/h) 时，阻滞段的平均 CO 设计浓度可取 0.3‰，经历时间不超过 20min，阻滞段的计算长度不宜大于 1km。

表 1-1　CO 设计浓度

单位: ppm

隧道长度	全(半)横向式通风		人车混合通行	
	≤ 1000	≥ 3000	≤ 1000	≥ 2000
δ/0.001‰	250	200	150	100

2. 烟雾设计浓度

采用荧光灯光源时, 烟雾设计浓度应提高一级。当烟雾浓度达到 $0.012m^{-1}$ 时, 应考虑采取交通管制等措施。隧道内进行养护维修时, 应按现场实际烟雾浓度不大于 $0.035m^{-1}$ 考虑。

二、隧道通风设计

为保证隧道内安全行车和经济运营, 选择适宜的通风方式, 应将公路隧道的通风纳入隧道建设总体设计周密考虑。隧道通风设计应根据公路等级、车道数、设计交通量、计算行车速度、车辆种类与排放量、隧道海拔高程、隧道所经路线及洞口附近的自然条件、隧道断面与平纵线形、洞内装饰情况等因素综合分析, 通盘考虑。隧道通风设施宜按近、远期交通量的变化分期设置, 但应统一规划, 一次设计。隧道由双向交通变更为单向交通时, 应充分考虑机械通风的衔接。

(一)隧道通风设计步骤

1. 设计步骤

隧道通风设计一般可按以下步骤进行:

(1)根据隧道长度和交通量, 初步确定通风方式。

(2)收集交通、气象、环境、地质、地形、地物等通风设计基础资料。

(3)根据有关调查资料尤其是车辆情况, 设计需风量。

(4)从安全、技术、经济等方面进行通风方式的比选, 选择最佳通风方式。

(5)计算风压力、风量和风速等。

(6)确定风机的规格和配置, 并对风道、风机房等进行结构设计。

2. 注意事项

在收集隧道通风设计基础资料时应注意以下几点：

（1）交通量历时变化，包括随小时、星期、季节和年交通量变化情况，尤其是年交通量变化情况，是进行通风规划分期实施的主要依据。

（2）冻害调查对山岭隧道通风竖井（或斜井）规划设计尤为重要，气温、气压、湿度等是通风设计和设备选型的重要参数。

（3）洞口、竖井（或斜井）口附近的地形、重要建筑分布及居民分布，可能成为通风规划的制约因素，必须认真收集调查有关资料。

（4）应通过对其他各条件相似的已建隧道运营情况的调查或实测，对通风噪声、废气排放等的不良影响进行分析并作出初步评价。其中，风机噪声问题与交通噪声应综合起来进行预测分析。

（二）通风设计原则

1. 通风系统

掘进工作面都应该按照独立通风标准进行设计，不得将任意两个工作面之间连接进行通风。隧道所实际需要的风量大小，应该依据爆破排烟、同时进行施工的最大人员数量和有毒气体最大排出量分别予以测算，并按允许风速进行检验，采用其中的最大值。隧道施工中，对集聚的空间和衬砌模板台车附近区域，可采用空气引射器气动风机等设备，实施局部通风的办法。隧道在施工期向，应实施连续通风。

2. 通风设备

（1）压入式通风机应该装置于洞内外新鲜风流中，抑制污风循环。通风机要事先准备好两路电源，且装置风电闭锁系统。当一路电源发生故障，可以将另一路电源在短时间内迅速接入，以避免风机长时间停运。

（2）应该准备一套与常用通风机性能一致的备用机，并经常进行通电检查，确保能够在应急情况下正常使用。

（3）隧道掘进工作面周围的局部通风机，都要采用专有变压器、专有开关设备、专有线路及专有风电闭锁、瓦电闭锁进行供电。

（4）隧道应采用抗静电、阻燃的风管。风管口到开挖面的距离应控制在 5m 范围内。风管每 100m 漏风率应控制在 2% 范围内。

(三) 隧道通风设计计算

隧道通风设计计算包括隧道所需风量计算，隧道在近期、中期及远期设计年限内的各种工况条件下通风压力的计算，风机动力计算与选择。常常需进行多个方案、多工况、多参数的反复分析计算，是一项复杂而细致的工作。至于具体的通风设计，由于其计算过程较复杂，这里不一一叙述，可参考相关规范和书籍。

(四) 公路隧道通风优化设计

1. 澄清风扇规格和配置，改进风扇结构设计

分类设计必须考虑到项目规模以及预防和减轻灾害的基本要求。为了有效降低工程和运营成本，公路隧道施工必须以工程事实为基础，科学选择通风系统和选择设计中选择的通风系统也决定了风机的选择。公路隧道通风设计中选用的风扇类型主要是轴流器和喷气风扇，设计人员应结合隧道的实际情况，对设备规范、类型、工作方式、转速等进行综合审查。以确保通风系统的运行要求得到满足。理想的风扇型号必须有效满足通风要求。流式风机成本低、性能好等优点，是目前公路隧道通风中应用最广泛的设备类型。在公路隧道施工期间，风扇和空气处理系统也可共同使用，以确保日常空气排放和火灾产生的烟雾效果。

2. 额外通风

辅助通风模式是在合适的位置安装一对接触通道，连接左右孔，并在通风机压下后将较干净的空气从下行隧道排放到上行隧道，从而稀释上行隧道中的污染物，同时，空气浓度因此相对较高，虽然下行隧道出口的污染物浓度增加，但上行隧道出口的污染物浓度降低，两个隧道出口的污染物浓度低于污染阈值。辅助通风模式适用于左右孔之间气流差异较大 (通常大于 1.5 倍) 的单独隧道，左右孔的设计气流总和必须小于允许的最大气流总和，即值得注意的是，对该隧道的分析表明，辅助通风模式具有节能条件，即左右孔的设计风量总和必须小于循环活塞风量总和，否则将是不经济的，因为长度越长通风消耗越大。

3.静电除尘控制烟雾浓度

在设计静电除尘系统时,除了保证除尘选择的合理性,还应科学选择水处理系统、电源风扇、配电风扇等设备。利用这些设备共同形成静电除尘系统,提高隧道空气质量,控制烟尘生产。设备运行过程中,含尘气体受高压静电场影响,由电分离,尘埃体与负离子结合带电,然后逐渐流向阳极表面放电,产生沉积现象,并且在数量充足的情况下,应直接使用除尘设备进行粉尘处理。静电除尘技术具有除尘效率高、净化效果好、应用范围广等特点,在使用过程中能有效处理大部分半径粒子,处理含粉尘的高温烟气,结构比较简单,空气流通速度比较快,这种技术比其他洗衣粉消耗的能源更少。工作人员可以使用计算机远距离操作和控制电动除尘器,如使用计算机计算得出烟雾浓度指数下隧道的通风量远远高于一氧化碳浓度指数下隧道的通风量,这意味着隧道必须配备设备,虽然通过静电除尘装置对隧道所需空气和通风量进行科学控制使系统能够运行,从而降低能耗,实现节能目标。我们在这些领域的研究并不深入,但我们可以借鉴日本的经验,利用静电除尘设备净化隧道内的烟气量,控制施工成本。静电除尘机的运行成本不到水平空气抽取的一半。与垂直通风相比,优势明显高于垂直通风,受地质条件的影响较小,从而可将成本降低24%~70%,这是一个更具成本效益的设计解决方案。

4.轴流式风机变频调速

变频调速由整流变压器控制电路进行,将工频交流转换为直流,然后将直流转换为不同频率交流,在此基础上实现异步电机的调速控制。转速越快,频率越高。风扇转速与立方功率值密切相关。因此,变频调速可以为非机械调节奠定基础,一方面节能效果好,另一方面可以延长设备寿命,降低设备能耗率。科学运用变频调速技术可以促进风机的灵活启动和无级调速功能的充分利用,更好地实现能耗控制目标,有效控制风机运行中的噪声污染。

(四) 基于模糊控制理论的隧道通风控制

公路隧道通风控制最常使用的方式为集散通风控制,利用检测器对隧道内 CO 和烟尘含量加以测定,将测定内容以信号形式传输到控制器内,借助计算机的管控，了解隧道内部空气质量，确定是否开启通风装置，之后利用通风控制装置开启相关设备，采用控制 CO 和烟尘浓度的方法，提高控制器对隧道内污染气体的敏感性。模糊控制本质上是基于语言规则的仿人智能控制。笔者提出将模糊控制理论应用在隧道通风控制系统中，为产生通风控制程序设计模糊控制规则表提供思路。

1. 模糊输入与输出变量控制

输出变量可等同于风机数量，架设风机数量为20。按照规定要求，CO 及烟尘的允许浓度分别为：正常通车情况下，CO 浓度控制在 150ppm，高峰时段内浓度为 250ppm。

2. 模糊系统控制要求

要求以自然语言形象实行准确描绘，通过模糊数学处理工具建立关系模型，形成完善的规则库。规则库内所有规则均采用并列关系表达，且每一个模糊条件均能控制一种情况。

3. 模糊判决

模糊判决分为两种情况：一是解模糊，是利用面积法、隶属度法、重力法、加权平均法在模糊集合中找出清晰量值作为最终判决标准；二是论域反变换，是解模糊得出的相关数值以内部论域的方式加以转换，并直接影响到系统控制的一种方式。

第三节　隧道照明系统设计

一、隧道的视觉现象与照明措施

由于公路隧道具有缩短公路里程、提高运输效益、利用地下空间、节省用地和保持生态环境等优越性，目前在公路建设尤其是高等级公路建设中日益受到重视，公路隧道的数量也随之增多。公路隧道既能缩短交通途径，又能简捷通过险要地段，在山岭和丘陵地区乃至越江过河的交通建设中得到普遍应用。隧道内外亮度差极大、空气污染严重、侧向净宽较小且高度有限，加之车流量迅速增长，使得隧道交通通行能力、安全性能、行车速度明显降低，交通能耗和事故发生率较高。因此，隧道照明非常必要和重要。

(一) 隧道的视觉现象

隧道照明中必须考虑某些特殊的视觉现象，车辆通过长隧道，白天和黑夜的视觉环境变化不同。黑夜隧道内只是隧道外视环境的延续，白天则经历突然从亮到黑和由黑到亮的急剧变化过程，人的视觉会产生强烈的不适应。

为使视觉适应隧道外和隧道内亮度的急剧变化，一般将长隧道划分为 5 个照明区段，即接近段、入口段、过渡段、中间段和出口段。不同区段的视觉现象不同，应设置不同亮度，各区段的长短和亮度值随设计车速、隧道外亮度和隧道壁及路面反光性质而变化。

1. 接近段

接近段是与隧道入口相连的一段道路。这段道路是驾驶员视觉调节的阶段，也决定了隧道口和入口段的照明亮度要求。在白天，由于隧道内外亮度差别巨大 (通常相差几百到几千倍)，也由于人眼对明亮环境的视觉暂留影响，车辆驶近隧道时，一个照明不充分的隧道口会产生视觉的"黑洞效应"，驾驶员从隧道外部看到的隧道是一个黑洞 (长隧道) 或一个黑框 (短隧道)，看不清隧道内情况。而在晚上，由于人眼适应了隧道外的黑暗环境，同一隧道却让人感到照明良好。为了消除黑洞或黑框现象，必须在隧道入口设置人工照明，使路面亮度达到必要水平。

2. 入口段

入口段是进入隧道口后的第一段。进入隧道内，亮度突然降低，驾驶员视觉产生暗适应，无法看清，经过 7 ~ 15s 的时间，才逐渐适应，但仍无法看清前方景象，这种现象对行车来说是极其危险的。因此，需提高入口段照明亮度，以增强人的视觉功能。

3. 过渡段

过渡段是隧道内紧接入口段的一段。入口段的人工照明环境从技术和经济上都无法达到隧道外亮度，视觉还将经历从隧道外高亮度到隧道内低亮度的突变，视功能下降和适应滞后问题仍然存在。因此，通过入口段及亮度逐渐降低的过渡段设置，使驾驶员有足以适应亮度变化的时间。

4. 中间段

中间段是紧接过渡段内端的一段，是隧道内不受外部自然光照影响的区域，驾驶员的视觉只受隧道内照明的影响。中间段照明特点是全段具有恒定的照明水平。不论白天还是黑夜，在隧道中间段，由于过往汽车排出的废气集聚，形成大量悬浮烟雾颗粒，汽车前照灯的光会被这些烟雾吸收和散射，形成光幕，降低前方障碍物与其背景（路面、墙面）之间的亮度对比和照明效果，影响障碍物的能见度，给视觉功能带来不利影响。同时，隧道侧向空间较窄，一辆车如出现操作错误，极易产生连续的严重尾撞。因此，即使视觉已经适应较暗的环境，对比隧道外的路面照明，也还是要适当提高亮度，以增强人的视觉功能。

5. 出口段

出口段是隧道的最后区段。在白天，车辆通过较长的隧道接近隧道出口时，驾驶员的视觉逐渐接受洞外光线的影响，视觉产生明适应，造成"白洞效应"，驾驶员看到的是一个刺眼的眩亮白洞，无法准确判别与前车的间距。由于明适应时间要短得多，为 2.5 ~ 4s，故出口段长度较短。

在夜间行车，其效果正好与白天相反，驾驶员在隧道出口产生的是视觉的"黑洞效应"。在这种情况下，驾驶员产生视觉盲区，难以辨清隧道外道路线形、路面交通状况及障碍物。因此，夜晚隧道出口段的照明应比中间段亮度低，以使隧道内外亮度不因突然降低而影响视功能。

对于长度很短的隧道（小于 100m），从进口可看到白色的出口亮影，进出口的天然光通过反射和散射等途径在路面产生一定的微弱亮度，视觉适应不严重，就没有必要设置照明。

(二) 隧道照明的应对措施

隧道路面的亮度应有一个随设计车速而不同的基础值 L_B，即夜间行车的隧道路面亮度。白天由隧道外亮度 L_{20} 到基础亮度的变化必须缓慢而不是突变，需要提供视觉对亮度变化的适应时间。$L_{20} \rightarrow L_B$ 的变化时间为 7 ~ 15s，$L_B \rightarrow L_{20}$ 的变化时间可缩短到 2.5 ~ 4s。为了获得需要的适应时间，就必须针对行驶车速为隧道设置相应长度的照明适应区段。

1. 接近段减光措施

(1) 隧道外亮度 $L_{20}(S)$。隧道外亮度 $L_{20}(S)$ 是指在接近段起点 S 处 (离隧道口安全制动距离), 距离地面 1.5m 高, 正对隧道口方向 20° 圆锥视场范围内的平均亮度。

$L_{20}(S)$ 是隧道照明设计的基准之一, 其值的大小直接决定了入口段和过渡段的照明设施配置设计, 对工程投资和营运电费都有极大的影响。

(2) 隧道外减光措施。对大多数隧道类型, 可以在隧道口建造减光设施, 控制自然光到达路面的多少, 从而逐渐降低接近段隧道口处的亮度, 增加视觉适应时间, 以相对减少隧道内亮度水平和亮度变化区段长度。接近段隧道外减光主要措施有以下几点:

①大幅坡面绿化, 在路基两侧或隧道口上方栽植常青树遮蔽明亮的天空。入口遮光路段的长度常为 50~100m, 出口路段可适当短些, 也有不少隧道不设出口减光设施。

②隧道口采用百叶天棚、端墙和遮光棚等。在接近段起点处 20° 视场中, 天空面积百分比小于 50% 时, 不宜设置遮光棚。

③采用削竹式洞门形式, 或将隧道口建造得尽可能高大。

④采用暗色不反光的粗糙材料装饰隧道口、隧道口挡墙和近隧道口的墙面 (如水底隧道), 接近段用沥青路面替代混凝土路面。

工程经验表明, 隧道口选用上述 2 种或 3 种方法处理后, 隧道外环境亮度可以降低 10%~50%。

隧道口用端墙形式, 墙面宜为冷色调, 其反射率应低于 0.17。采用削竹式洞门并辅以大幅坡面植被时, 即使 20° 视场中天空所占比例较多, $L_{20}(S)$ 值仍远低于端墙式洞门。相反, 若对隧道口做明亮装饰会倍增隧道外亮度, 加剧"黑洞现象", 导致照明能耗浪费。

2. 入口段照明

为了减弱驾驶员视觉的"黑洞现象", 从高亮度的露天进入隧道口就能看到隧道内环境和障碍物, 入口段必须具有相对较高的亮度。有资料认为 3s 内亮度降低不能超过 1/3, 4s 以上可降至 1/10。入口段的亮度和长度应随设计车速和隧道外亮度而变化, 亮度还应随路段长度而逐渐降低。隧道外亮度随天气变化很大; 要随隧道外亮度调节入口段的照明亮度难度较大。

3. 过渡段照明

过渡段照明是为了提供一个亮度由高到低的视觉暗适应时间，即给驾驶员视生理和视心理一个继续完成适应所需的时间。如果在过渡段亮度降低过于急剧，或适应时间过短，能见度和视舒适都将因适应不充分而恶化。适应不充分的主要表现是出现"后像"，即视觉在很短的时间出现与原有观察物在对比度和颜色相反的图像。

通常，采用亮度阶梯递减代替连续下降曲线，前一级亮度和后一级亮度的比值不得超过3∶1，且不能低于中间段亮度。

隧道入口区（入口段和过渡段）照明通常由基本照明和加强照明两部分组成，其中基本照明的灯具布置与中间段照明一致。入口区照明亮度调节通过逐渐加大灯具排列间距和改变布设方式来实现。若利用自然光作为入口段加强照明的组成部分，隧道口以内10m范围内的加强照明可以省略。

4. 中间段照明

中间段照明无须任何变化，但由于隧道内侧向净空小及污染造成的光幕现象，亮度应高于夜间露天路面的照明亮度，目前大多在$1.5 \sim 10 \mathrm{cd/m^2}$范围内。如果隧道很长，适应时间也相应增加，此时可以将中间段亮度适当降低。对于500m以下的短隧道，可提供的适应时间也短，应该增加中间的亮度，以减小隧道入口段和过渡段的亮度下降比例，并相应减少入口各区段的长度。

5. 出口段照明

由于人眼视觉明适应调节速度快，在隧道出口段并不需要为视觉适应增设照明。但是，为使驾驶员在明亮出口背景下能清晰看见前车背后阴影里的小型车或行人，以及离开出口时又有良好的后向视觉，或为单向隧道在应急和维护时的双向运行，可使出口段与入口段照明对称布置。

二、长隧道的照明设计

隧道照明设计包括照明方式、光源、灯具、照明计算、布灯等内容。按照明的作用不同，隧道照明分为功能照明和诱导照明。功能照明是隧道的主要照明形式，应满足规定亮度要求。诱导照明是隧道辅助照明形式，主要用于诱导视线。

诱导照明设施分为主动诱导设施和被动诱导设施。主动诱导设施是指需要用电并主动发光的诱导设施，根据其外观特点分为点式和线式两类，如 LED 轮廓标为点式主动诱导设施，LED 灯管为线式主动诱导设施。被动诱导设施是指通过逆反射被动发光的诱导设施，也可分为点式和线式两类，如突起路标、轮廓标为点式被动诱导设施，隧道侧壁的反光标线属于线式被动诱导设施。

（一）隧道照明方式

根据照明灯具在隧道纵、横方向配光类型不同，隧道照明方式有 3 种，即横向对称照明、纵向对称照明和逆向照明。

1. 横向对称照明

横向对称照明是指光线以合适的角度沿隧道横向对称投射，如日光灯带。其优点是诱导性好，眩光小，车辆之间光照好，开关控制方便。缺点是灯具间隔小，需特别注意光的频闪。

2. 纵向对称照明

纵向对称照明是指光线沿隧道轴线平行方向对称投射。其优点是效率高，灯具间隔可较大。缺点是可能产生阴影，墙面亮度不均匀。

3. 逆向照明

逆向照明是指光线平行于隧道轴线逆向车流方向投射。逆向照明通过特殊的斜倾式反光器将光束集中朝迎面开来的车辆投向路面，只有很少或者几乎没有光线顺着车辆行驶方向投射到路面上的物体，可以获得较高的照明对比质量系数（路面亮度与路面上方 0.1m 高度处面向观察者的垂直照度比值）。逆向照明使背景和物体间的亮度对比度提高，使物体以远处亮路面和墙面为背景成为剪影，驾驶员通过负对比效应看到路面物体，增强了察觉障碍物的视觉功能。采用逆向照明时，入口段的亮度要求相对较低，但入口处较暗且墙面较暗、不均匀，同时需要采取某些防止眩光的特殊措施（如灯具装有防眩光格栅）。逆向照明可节约灯具 30%，节省电费 30%，在国外使用很多，如瑞士几乎所有隧道均采用此种照明方式。

此外，间接（反射）照明方式（用比较明亮的混凝土装饰隧道墙面，使其具有很好的反射能力，主要通过明亮的墙面和拱顶反射来照明路面）以较少的照明也能提供足够的能见度，耗电量不超过传统照明的 60%。

(二) 隧道照明光源及灯具选择

1. 隧道照明光源选择

公路隧道具有潮湿、汽车排放有害气体多的特点。公路隧道一旦投入使用,照明系统几乎处于长期点灯状态。因此,隧道照明光源的选择应满足隧道特定环境下的光效、光通量、光衰减、寿命、光色、显色性、透雾性、价格及营运费用等要求。

目前,国内外隧道照明几乎均采用高压钠灯。这是因为高压钠灯光效高、寿命长,所发出的橘黄色的光线具有强透雾功能。少数隧道为改善照明环境,采用金属卤化物灯作为照明灯具。荧光灯光效低、寿命不长,透雾性较差,但显色性较好,在城市隧道和隧道应急停车带上使用较多。如果是短隧道或柴油车运行比较少的隧道,烟雾会少一些,也可使用显色性相对较好的荧光灯。高压汞灯光效不高,而且吸引蚊虫,不能调光,目前在隧道照明中已较少使用。低压钠灯虽然光效较高,但显色性差,使用寿命短,国内几乎没有生产,所以目前在隧道中很少使用。

无极灯和 LED 灯代表着未来隧道照明的发展方向,已开始在隧道照明中尝试,但目前在普及应用上还存在技术和成本问题。

2. 隧道照明灯具的选择

隧道内空气污染严重、烟雾大、透明度低、空气湿度大,隧道照明器宜选择可靠性高、耐腐蚀性强、不易老化、防潮的封闭型灯具。

(1) 一般要求。公路隧道照明灯具光源采用荧光灯时,在额定电压的 90% ~ 110% 的范围内应能正常启动和燃点,应配电子镇流器和熔断器。采用钠灯时,在额定电压的 92% ~ 106% 的范围内应能正常启动和燃点,应采用低损耗型镇流器,能够在短暂停电后 80s 内恢复启动发光,应配有熔断器作短路保护,应有匹配的补偿电容使功率因数不低于 0.85。灯具应具有防眩特性,配光性应能满足隧道照明要求。灯具内所有电器元件应采用防潮、无自爆、耐火或阻燃产品。

(2) 外观质量。公路隧道照明灯具表面应光滑,以防污物堆积和便于清洗,无损伤、变形、涂层剥落,玻璃罩应无气泡、明显划痕和裂纹等缺陷。

(3) 灯具材料。插销、铰链、螺钉和其他外部构件应用不锈钢或其他耐腐蚀（耐废气、盐和隧道中烟雾的腐蚀）材料制成。灯具及其安装构件不应受混凝土的化学反应腐蚀，密封件应耐温、耐老化和抵御隧道内的腐蚀性气体，并应方便更换。

（4）结构要求。灯具宜采用前开门式，应有良好的互换性，安装角度应能灵活调节，并坚固耐用，应能承受一定的机械应力、电动应力和热应力。灯具应有特设的导线出入口密封装置。

（5）性能要求。为保证灯具在隧道环境下具有良好的光输出、使用寿命和安全性，灯具的防护等级应不低于 IP65。灯具效率应不低于 70%，噪声声功率级不大于 55dB。为了适应我国各个地区、各个季节的各种温度环境条件，钠灯灯具应在 -40℃ ~ +40℃ 条件下正常启动和燃点，荧光灯灯具应在 -10℃ ~ +35℃ 条件下正常启动和燃点。

（三）隧道照明灯具布置

1. 隧道照明灯具布置方式

隧道照明灯具布置方式与单位隧道长度需要的光通量、光源光效、光源功率、灯具类型及配光特性等有关。合理的灯具布置应保证：

（1）路面平均照度和均匀度达到各段要求的指标。

（2）隧道侧壁墙面应具有足够的照度，让驾驶员能察觉墙壁的存在。

（3）灯具光轴应指向路面轴线，因为在隧道行驶的车辆习惯沿隧道中心线行驶。

（4）尽可能抑制眩光和频闪。

按灯具安装在隧道的位置，可分为棚顶中心布置、顶侧布置和侧壁布置；按灯具相对位置，可分为对称布置、交错布置、单侧布置和中间布置等。为避免灯具不连续的直射光由侧面进入驾驶室造成的"闪光"，应尽量采用棚顶或顶侧布置方式。

在隧道有足够的净空高度，且棚顶不安装轴流风机或风机安装在棚顶两侧时，宜采用棚顶中心布置。沿隧道棚顶轴线采用贴顶或嵌入式安装一列或多列（2 ~ 4 列）照明器。常采用纵向和横向都具有对称光强配光的管形灯具。棚顶中心布置比相同灯具侧壁布置的效率高 25% ~ 40%，由于灯具基本连成一条线，照明的均匀性和诱导性也优于其他方式，但维修较为困难。

当棚顶中心无法安装灯具时，则在棚顶中心两侧采用贴顶式各装一条平行于道路轴线的灯具。为了保证净空高度的要求，整个棚顶及两侧不能安装灯具时，只能在两侧壁约4m高处安装嵌入式照明器。灯具为高、低压钠灯或荧光灯，常采用纵向不对称配光，以便获得部分逆向照明。

2.隧道照明灯具的安装尺寸

灯具安装尺寸主要是高度 H 和间距 S。H 在隧道内的变化范围较小，S 随要求的亮度指标、安装高度、灯具类型、布置及控制方式而变化。各照明区段亮度指标不同，在亮度要求连续变化的区段，间距 S 也要连续变化，需要根据亮度变化率和给定的灯具、安装高度来计算间距。目前，大多数隧道各区段的亮度固定不变，区段间呈阶梯变化。因此，可按区段内亮度值和安装高度计算安装间距。间距确定后，需核算是否会出现严重的不舒适频闪。灯具间距还可以按照亮度变换、控制要求，逐段逐个进行计算。

钠灯排列尺寸的经验关系式为相对排列时 $S \leqslant 2.5H$；交错和中间排列时 $S \leqslant 1.5H$。

3.隧道内的光闪烁效应

沿隧道轴线不连续安装在隧道顶上的灯具，会在驾驶员的眼睛中产生闪烁现象，对驾驶员的视舒适造成干扰。这种闪烁包括灯具本身的光闪烁，也包括灯具在一些明亮的表面（如本车前盖和前面汽车的后部）产生的反射所形成的闪烁。这种闪烁对驾驶员的干扰程度主要取决于以下3个因素：

（1）一个单循环内的亮度差。

（2）每秒产生的亮度改变（闪烁频率）。

（3）闪烁发生的时间长短。

第一个因素决定于隧道照明采用的灯具特性。后两个因素决定于行车速度、灯具安装间距和隧道长度。实验表明，闪烁频率为2.5～15Hz时，出现不舒适感；闪烁频率为6～8Hz时，出现较严重的烦躁感。

（四）隧道照明计算

1.隧道照明计算资料

隧道照明计算时应收集以下资料：

（1）隧道净空断面形式；

（2）路面材料及其亮度系数或简化亮度系数；

（3）灯具布置方式及安装高度、间距、仰角；

（4）光源及灯具类型、规格；

（5）灯具的光强分布表、利用系数曲线图、等光强曲线图、亮度产生曲线图等光度数据；

（6）灯具的养护系数。

2. 入口段照明

（1）入口段长度 D_{th}。入口段长度 D_{th} 取决于隧道的最高设计时速，至少与最高时速的安全制动距离相等，这是因为此段最远端的路面应当为在安全制动距离外准备进入隧道的驾驶员能看清障碍物作为背景。D_{th} 计算式为：

$$D_{th} = (D_s + b) - d = 1.154D_s - \frac{h}{\tan 10^\circ} \qquad (1\text{-}1)$$

式中：D_{th}——照明停车视距，m；

b——最小衬托长度，m；

d——适应距离，m；

h——隧道口内净空高度，m。

照明停车视距 D_s（Stopping Sight Distance）是指同一车道上，车辆行驶时遇到前方障碍物而必须采取制动停车时所需要最短安全距离。为保证驾驶员对路面障碍物（标准高 0.2m）的视认能力，在障碍物背后应有最小衬托长度 b 的明亮路面。D_{th} 最小应取 10m。

（2）入口段亮度 L_{th}：

$$L_{th} = KL_{20}(S) \qquad (1\text{-}2)$$

式中：K——入口段亮度折减系数。

入口段的基本照明灯具布置按中间段照明考虑，加强照明可用大功率灯具。入口段的加强照明灯具可以从洞口以内 10m 处开始布设。

隧道照明计算与道路照明计算方法相同，应分别计算平均照度、平均亮度、路面亮度总均匀度、路面中线亮度纵向均匀度、闪烁频率、眩光限制等级等。通常宜采用利用系数法进行初步设计计算，当照明产品定型后，可利用光强法进行设计验算与优化。

(五) 隧道内应急照明

由于公路隧道对交通的重要性，停电或其他原因导致人工照明消失，shi 正常行驶于隧道内的车辆有发生交通事故的危险。因此，高速公路隧道应设置不间断照明供电系统，长度超过 1km 的其他隧道应设置应急照明系统，并保证照明终端时间不大于 0.3s，维持时间不短于 3min。在启用应急照明时，隧道内路面亮度应不小于中间段亮度的 10% 和 $0.2cd/m^2$。同时，在高速公路长隧道和长度大于 2km 的其他隧道中应设置避灾引导灯。

理想的高速公路隧道照明，要设置 2 套独立的电源供电。但现在通常的做法是将隧道内约 1/7 的照明灯具与由发电机支持的 UPS 电源连接，在主电源发生故障后数秒内，UPS 电源启动，提供应急照明等供电要求。这样既可降低可能发生的事故概率，也可在事故发生时辅助救助工作。

应急照明应当和隧道口外 100 ~ 150m 距离处设置的限速标志、信号灯或可变信息板警告信号相结合，提醒进入隧道的驾驶员减速慢行。入口段和过渡段的照明水平应当和强迫的应急限速相吻合，而且中间段的照明水平至少应不低于夜间照明水平。

(六) 隧道的夜间照明

夜间隧道的照明亮度为基础亮度，可按中间段数值设置。如果隧道是一条有夜间照明道路的一段，则隧道内照明至少应当等于接近段道路的亮度水平和均匀度。当隧道有遮阳棚时，夜间隧道照明在遮阳棚部分应当连续。如果接近段道路无夜间照明，则隧道照明应当达到平均亮度不小于 $1cd/m^2$，总亮度均匀度不低于 0.4，每条车道中心线上亮度纵向均匀度不低于 0.6。

夜间车辆由隧道驶出隧道外时，同样会使驾驶员产生视觉"黑洞现象"。为了保证驾驶员有足够的暗适应时间，隧道外引道宜布设路灯。

三、短隧道的照明设计

(一) 短隧道的照明要求

以长度 500m、1000m、3000m 为分界点，将隧道分为短隧道、中隧道、长隧道和特长隧道 4 个等级。长度大于 100m 的隧道应设置照明。

目前，国内对短隧道照明设置主要有 4 种做法：

（1）短隧道各照明段与长隧道取值相同。这种做法照明营运电费极高。

（2）加强照明长度减半，亮度仍按现行规范取值。这种做法既不节约，又不满足人眼的适应要求。

（3）全隧道照明按出口段亮度布置灯具。这种做法不适合曲线隧道和不能完全看到出口的短隧道，且没有考虑视觉的适应性。

（4）不设置照明。不能满足人眼的视觉适应要求，存在较大的安全隐患。

（二）短隧道的照明特点

（1）穿越时间短。穿越短隧道的时间通常不超过 0.5min，驾驶员的视觉适应时间短。但由于隧道内外照度差异巨大，同样会造成视觉的"黑洞效应"（曲线短隧道）或"黑框效应"（直线短隧道）以及"视觉适应滞后"现象。

（2）隧道外环境影响大。端墙式洞门的自然光对隧道内照明影响较小，削竹式洞门的自然光对隧道内照明的影响较大，隧道口以内 10 ~ 15m 范围可利用自然光取代人工照明。因此，应根据隧道口形式确定布灯的起点位置。

（3）无中间段照明。短隧道照明一般只包括入口段、过渡段、出口段，无中间段照明，照明用电量集中在加强照明上。

（4）照明是主要用电负荷。短隧道一般采用自然通风，无机械通风设施，隧道主要用电负荷是照明系统。

（5）处理交通事故速度快。短隧道内发生交通事故或火灾时，逃生救援比较容易，处理交通异常事故速度快。

（三）短隧道照明参数计算

一般来说，如果从入口前的停车视距处看去，隧道出口占视场的很大部分，则隧道就无须额外的白天照明（相对于正常的夜间照明）；相反，如果出口在黑框内，其中的障碍物可能隐藏其中，则需要提供白天照明。

欧洲标准化委员会（the European Committee for Standardization，CEN）规定"利用通透率判断是否需要人工照明"。通透率（Look Through Percentage，LTP）

是指在隧道入口前一个停车视距的主车道位置上，驾驶员在 1.5m 高度看到的隧道出口面积与入口面积的百分比。

通透率可根据隧道土建设计资料或现场照片计算，分为可视角度计算法和照片面积计算法。可视角度计算法适用于隧道未建成时的初步设计阶段，照片面积计算法适用于隧道建成后的施工图设计阶段。

(四) 短隧道照明设计原则

结合 CEN 的规定和国内相关研究成果，短隧道照明建议遵循以下原则：

(1) LTP>50% 的短隧道，可不设置功能照明，应根据交通量大小和交通类型设置诱导照明。

(2) LTP<20% 的短隧道，应设置功能照明，设计标准与长隧道照明标准一致。

(3)20% ≤ LTP ≤ 50% 时，可能需要日间人工照明，应根据交通量和交通组成来判断。对长度在 100 ~ 300m 之间的短隧道，入口段照明按长隧道照明亮度值设置，其余区段照明按长隧道中间段照明亮度值设置；对长度在 300 ~ 500m 之间的短隧道，入口段功能照明可按长隧道照明亮度值的 50% 设置，过渡段照明按视觉适应曲线相应进行折减，中间段和出口段照明的亮度值设置与长隧道设置相同。若不设置功能照明，应设置诱导照明。

第四节　隧道监控系统设计

公路隧道的监控系统及交通安全设施应按"一次规划设计、分期实施"的原则实施，但隧道内设备和管线的预留预埋则应一次到位。同时，公路隧道的监控设施不宜孤立地进行设计，而应与路网以及路网中其他构造物的设备配合布置，在抢险救援中协同发挥作用。此外，还应注意严禁隧道内的设施侵占隧道建筑界限，以及在满足安全和使用功能的条件下，积极而慎重地采用新理念、新技术、新设备和新工艺。相关改造项目应在实地考察隧道现有条件后，在最大限度地减少隧道开挖、尽量利用现有条件原则的指导下进行设计。

一、隧道监控系统的目的和作用

早期隧道没有监控，或仅有人工控制。随着自动控制技术的发展，尤其是现代自动通信技术的发展，现代高速公路的长大隧道才都采用了自动监控技术。因此，隧道监控技术是伴随着自动化技术的发展而形成的一门技术。

公路隧道是高速公路及城市道路的特殊路段，驾驶员由于隧道内空间环境狭窄，在进洞前会有一种莫名的心态，进洞后会有压抑感。在隧道中行驶时，由于洞内照明弱于地面，汽车排放烟气导致视线不佳，声音嘈杂，容易导致前方情况判断不明，特别是当前方发生交通事故或发生火灾等紧急事件时，交通疏导和救援组织与普通路段大不相同，如果疏导处理不当，极易发生二次事故，而且其后果可能比原已发生的事故严重得多。在隧道内设置监控系统的目的，就在于能借助这类设施对公路隧道进行有效的管理，为车辆提供安全、舒适的服务，确保隧道内的行车安全，提高对突发事件的预知和应急处理能力。根据许多国家对隧道设计标准的规定，长隧道和特长隧道都需要通过设置监控系统保证隧道内行车的安全和通畅。

隧道监控系统的作用主要包括两个方面：首先，将采集到的信息数据进行处理比较，经一定的程序后做出各种指令并判断是否发送。再将确定发送的指令传送到信息接收设备，并准确地控制有关调节和显示设备，做到尽快地改善隧道行车环境，给车辆驾驶人员以各种灯光显示，引导行车路线，指挥行车速度或给出封锁道路的警示，对突发异常情况（如发生火灾）发出声光报警等。其次，隧道监控系统通过实时检测、分级启动的方式使隧道内的运行环境达到最优。监控系统的环境调节设备启动后，需要对其设备的工作状态进行实时检测。当隧道环境得到改善，检测的数据达到其规定的标准时，可自动停止调节。如果隧道环境仍达不到规定的环境标准，还可再启动高一等级的调节设备，直至启动所有各档调节设备。

二、隧道监控等级的划分

隧道监控系统是隧道管理及安全保障系统的重要组成部分，其特点不仅与隧道长度有关，与交通量也有关系。高速公路隧道的监控等级，一般可根据其长度和交通量两个因素（隐含事故率），从高到低依次划分为 AA、A、

B、C、D 五级。

三、隧道监控系统设备的配置

隧道监控系统的设备一般根据隧道监控等级配置，即隧道监控等级的划分是隧道监控系统设备配置的基础。一般来说，任一特定隧道的监控系统设备的配置都应通过专门调查研究确定，考虑诸如隧道长度、交通量、坡度及线形曲线半径等因素的影响。事故率高、平曲线半径在 500m 以下，或纵坡为超过 3% 的下坡等线形较差的隧道，及双向行驶公路隧道等情况特殊的隧道宜相应提高监控等级。

四、隧道监控系统的子系统

隧道监控系统按照功能可划分为以下 9 个子系统，即隧道管理所中央控制管理系统、区域控制系统、车辆检测系统、闭路电视监视系统、交通诱导设施、通风及照明控制系统、火灾报警系统、紧急电话广播系统和避灾引导系统。

(一) 隧道管理所中央控制管理系统

在隧道所在的高速公路管理中心设置隧道监控管理所，统一管理路段监控设施和隧道监控设施。

1. 系统构成及功能

管理所计算机系统主要由服务器、客户机 (包括通信计算机)、交通监控计算机 (全线)、紧急电话及广播监控计算机、电力监控计算机、通风照明控制计算机、图像管理计算机、火灾报警计算机、交通事件管理计算机、以太网交换机、激光打印机以及监控软件等构成。

中央控制系统的功能为接收各种相关隧道监控设备采集、反馈的信息，进行分析、处理，并在需要时进行存储、统计和打印。

2. 网络结构

管理所计算机系统采用局域网技术，把各数据点通过局域网联成一体，从而达到数据共享的目的。同时，通过双绞线将交换机、服务器、监控计算机等联成一个 100BASE-T 以太网，服务器和客户机内置 10/100Mbs 网卡，使计算机站点扩展方便。

3. 数据传输

隧道区域监控外场设备数据先通过电缆接入本地控制器的 AI、DI、DO、RS485 等接口，再通过本地控制网络中的主控 PLC 设备传输到隧道管理所。隧道的区域控制器主控设备（主控 PLC）采用一对一的传输方式（光纤）直接传输到监控管理所。管理所可向监控分中心上传数据，并接收监控分中心下达的控制指令和命令。监控所上传的数据包括：CO 和透过率检测器、光强检测器等设备检测的内容，小型可变信息标志、车道指示标志、横洞指示标志、交通信号灯等设备发布的显示内容，火灾报警记录，照明等级，通风机运行状况，变电站状况，紧急电话记录，事故记录等。具体数据格式和上传周期与规划统一。

4. 隧道监控软件

包括通风控制和照明控制及交通控制。

(二) 隧道区域控制系统

通常在高速公路隧道左线、右线分别设置 2 台隧道区域控制器，另外在隧道两端的变电所内分别设 1 台隧道区域控制器，通过工业以太网交换机组成光纤自愈环网控制网络。

区域控制器系统完成隧道内分管区域的控制功能，对外场设备进行集中管理，在隧道站计算机和外场设备之间起上传下达的作用，以提高通信效益，加强本地手动控制功能，利于维护和检修。

(三) 隧道闭路电视系统

隧道闭路电视系统主要由隧道内定焦摄像机、隧道洞口全方位遥控摄像机、变电所摄像机、管理所内的视频控制矩阵、监视器、硬盘录像机等设备构成。

隧道闭路电视系统对隧道出、入口及隧道内的交通流量、车流密度及道路使用状况进行监视，可及时直观地得到关于交通阻塞等现场情况和原因的画面，进一步辨认事故、火灾及其严重程度，并能采集必要的交通数据资料，必要时还能够对视频图像进行录像、打印，以便分析及取证。

在隧道中闭路电视系统最突出的作用就是用于监视隧道内车辆运营状态，尤其重要的是对隧道内火灾报警予以确认。该系统能够从监控计算机接受来自隧道各种反馈通报设备发出的报警信息，进行摄像的选择控制，自动显示报警区段及相邻区段的图像，并自动录像，自动将时间、摄像机号码（对应相应的隧道区段）记录在录像带上。为值班人提供处理事故的直接依据。如果几种通报设备同时报警，则以火灾报警区定为优先显示。

(四) 通风照明控制系统

通风照明控制系统又可分为通风控制子系统和照明控制子系统。

1. 通风控制子系统

根据设计在隧道内设置有 CO/VI（一氧化碳 / 透过率或能见度）检测器和风速仪（检测风速和风向）。通风控制子系统根据检测到的 CO 浓度、隧道内的能见度和隧道内的风速、风向情况，控制风机的运转，实现节能和保持风机较佳寿命的运行。

2. 照明控制子系统

由于隧道内外的亮度差别较大，司机在进出隧道时会产生多种特殊的视觉问题。如何减少由隧道内外的亮度差别带来的影响是设置隧道照明控制子系统的一个重要目的。

隧道照明控制子系统采用在变电站集中控制的方式，隧道照明控制只进行回路控制，所有照明回路控制操作通过照明控制柜实现。照明控制柜安装在隧道变电所低压配电室，与隧道变电站内的本地控制器相连。照明控制子系统通过本地控制器和照明控制柜对隧道照明回路实现远程控制。隧道照明远程控制有自动半自动和人工等三种方式。自动和半自动的控制方案由控制子系统根据环境亮度参数、火灾报警状况等自动生成。

隧道照明可以按晴天、阴天、夜间、深夜等分级进行控制，以减少"黑洞效应"并实现节能。

(五) 隧道火灾报警系统

火灾报警子系统能及时、准确地反映出隧道内火灾发生的地点。报警信号经火灾报警控制器传至隧道管理所，并在计算机上显示相应位置的报警信息。同时，可经摄像机图像进行确认，由隧道管理所计算机系统制定出相应的控制交通的方案，包括启动照明、通风、灭火系统，调整各外场设备的信息等，以便快速、有序地疏导隧道内的车辆和人员，保证隧道的安全运营。

(六) 紧急电话及有线广播系统

紧急电话系统是为在高速公路隧道内行驶的驾驶员在发生交通事故时，提供紧急救援的专用通信系统。同时，也是高速公路隧道监控系统中收集隧道内车辆故障及交通事故信息、监控隧道运行情况的主要设备，是高速公路隧道必备的通信设施。该系统具有将紧急电话和有线广播两个系统合二为一的特点，是采集隧道内异常信息和隧道紧急救援的重要措施。当隧道发生火灾或其他交通异常情况时，驾驶员可通过紧急电话向隧道站监控室报警，也可在监控室通过闭路电视的监控发现事故点，利用隧道广播系统呼叫疏导交通，采取紧急救援措施。同时，紧急电话系统与闭路电视系统具有相互联动功能，当发生紧急电话呼叫时，摄像机将自动对准事故发生地点，及时掌握事故现场信息。

(七) 交通诱导系统

交通诱导系统主要是给司机提供信息，协助疏导交通，以保证道路安全畅通，提高路网整体通行能力。交通信号诱导系统，主要包括设在隧道洞口附近的洞口交通信号灯、车道指示标志、电光指示标志、小型可变情报板、LED 诱导灯、隧道内可变情报板等。

隧道监控站可根据交通运行情况，特别是在火灾、事故等异常工况条件下，对交通信号诱导系统进行信息的编辑和发布，在现场提供实时显示，保证对车辆提供交通诱导信号，实现车辆诱导及疏散。

(八) 视频车辆检测系统

隧道作为高速公路的重点监控路段，设置了大量的摄像机 (洞内按 1 处 /150m 设置定焦摄像机，洞外设置变焦彩色 / 黑白球形摄像机)。摄像机的广泛布设使隧道内外基本无视频死角。在隧道管理所设置有事故事件视频检测报警系统，可对车辆事故、行人、抛洒物等异常事故事件进行自动报警，并完成视频自动切换和联动报警功能。

隧道事故事件检测系统主要由信息采集子系统和信息处理子系统、信息发布和诱导控制子系统三个部分组成，共同完成隧道交通流信息的采集、传输、处理、显示与发布等功能。其中，信息采集子系统(主要为隧道洞内摄像机、光端机、传输线缆)由隧道闭路电视系统完成信息发布和诱导控制子系统由隧道交通诱导系统实施。

视频检测信息处理子系统主要由视频检测处理器、视频检测上端软件和视频检测工作站构成。

(九) 避灾引导系统

在隧道行车方向左侧按50m间距设置避灾引导灯，该灯为常亮工作方式，光源为20W荧光灯，采用标志形式，单面显示、安装高度净高为1.0m，由隧道两端变电所内UPS电源供电，在UPS配电柜上配线和控制。

第五节　隧道消防系统设计

一、隧道火灾特点的分析

(一) 蔓延速度快

隧道当中火灾的发生主要是因车辆相撞等造成，且在火灾发生之后除了车辆本身携带燃油，其他车辆还会运输一些可燃物，将会加快火势蔓延。对隧道火灾控制工作的开展影响特别大，大量可燃物使火灾蔓延速度提升，对消防人员火灾控制工作的实施影响非常大。隧道当中火灾的特点主要是蔓延速度增大，造成大量资源的浪费，火灾特点的分析对消防系统设计工作的实施有促进作用，改善隧道系统当中火灾带来的影响，只有设计人员清楚隧道火灾的特点，才可以保证在后期设计工作实施的时候能够按照实际需求合理进行，防止在设计工作开展的时候火灾事故未能得到更好地处理，进而影响隧道以及人员人身财产安全。蔓延速度快这一特点是火灾事故处理当中非常重要的，快速的蔓延对消防人员救援工作的实施带来了一定困难。

（二）易造成通道堵塞

隧道当中大量车辆的聚集，如果发生火灾将会堵塞交通，给消防工作的开展造成了一定难度，车辆的大面积堵塞，会使火势顺着车辆蔓延，不利于火灾预防工作的实施。隧道建设工作的开展、消防系统的设计需根据泡沫灭火器的特点设计，为后期隧道工程投入使用当中火灾预防工作的实施提供支持。通道堵塞等特点是隧道火灾当中最为常见的现象，影响着消防人员灭火处理工作的实施。所以，在后期消防系统设计时，需要设计人员根据该特点高效进行，使其在未来投入运用的时候能够拥有相应的保障，防止安全事故的发生，对正常工作的实施产生不利影响。

（三）扑救困难

火灾发生之后浓烟会迅速蔓延，大量浓烟的蔓延且难以及时排出，对搜救工作的实施带来了一定的影响，消防搜救人员难以靠近，给救援工作的开展带来了一定的难度，不利于搜救工作的高效开展。同时，受到条件限制，通信困难等都对隧道内部火灾救援有相应的制约。隧道内部火灾的发生受到自身特点的影响，对扑救工作的实施影响特别大，对未来相关工作的进一步开展非常不利。所以，隧道内部火灾救援工作在开展的时候造成的人员伤亡相对较大。因此，在进行隧道内部消防设计工作的时候需要相关人员对隧道火灾特点进行分析，只有这样才可以保证隧道内部消防设计能够紧跟实际需求合理进行，为高质量消防工作的开展奠定基础，避免消防工作未能落实，影响隧道消防工作的高质量实施。

二、隧道消防给水及灭火系统

（一）隧道灭火器配置

隧道内应配置能扑救 A、B、C 类火灾的手提式干粉灭火器。灭火器应成组配置在灭火器箱内，每个灭火器箱内的灭火器数量不应少于两具，不宜多于五具。灭火器箱应安装在隧道侧壁上，应采用嵌墙型开门式灭火器箱，其尺寸和质量应符合现行行业标准规定。灭火器箱设置间距不应大于50m，灭火器箱上应有明显的反光标志，并宜具备箱门启闭信号反馈功能。

(二) 隧道消火栓配置

1. 隧道外消火栓

隧道每个出入口外应设置室外消火栓。室外消火栓宜采用地上式。严寒地区隧道宜采用地下式消火栓时，应有明显标志。

2. 隧道内消火栓

隧道内宜采用双口双阀室内消火栓，应保证隧道内的任何部位允许两个消火栓的水枪充实水柱同时达到。消火栓的水枪充实水柱应通过水力计算确定，但不应小于13m。消火栓箱应安装在隧道侧壁上，应采用双开门暗装消火栓箱，其尺寸和质量应符合现行国家标准《消火栓箱》(GB 14561-2019)的规定。消火栓箱设置间距不应大于50m，应设置明显的反光标志，宜具备箱门启闭信号反馈功能。距隧道出入口最近的消火栓应设置压力显示装置。消火栓应采用同一型号规格。消火栓的栓口直径应为65mm，水带长度宜为25m，水枪喷嘴直径不应小于19mm，并应选用多功能型水枪。消火栓栓口距检修道地面高度宜为1.10m，栓口出水方向宜与隧道侧壁垂直。消火栓栓口出水压力应确保喷雾水枪充分雾化要求。消火栓栓口的出水压力大于0.50MPa时，消火栓处应设减压装置；消火栓栓口的静水压力大于1.0MPa时，应在给水管道的相应管段上设置静压减压装置。

(三) 水成膜泡沫灭火装置

隧道汽车燃油火灾宜采用水成膜泡沫灭火，其设置应符合下列规定：水成膜泡沫灭火装置的设计应符合《泡沫灭火系统技术标准》(GB 50151-2021)的规定。水成膜泡沫混合液浓度宜为3%，喷射时间不应小于22min。水成膜泡沫灭火装置应安装在隧道侧壁的箱体内，其箱体尺寸和安装高度应与消火栓箱协调。水成膜泡沫灭火装置的设置间距不应大于50m，与隧道内消火栓同址设置，并应设置明显的反光指示标志；宜具有箱门启闭信号反馈功能。

(四) 自动喷水灭火系统

1. 水喷雾灭火系统

水喷雾灭火系统是利用水雾喷头在一定水压下将水流分解成细小水雾滴进行灭火或防护冷却的一种固定式灭火系统。该系统是在自动喷水系统的基础上发展起来的，不仅安全可靠、经济实用，而且具有适用范围广、灭火效率高的优点。水喷雾系统与自动喷水系统相比较具有以下几方面的特点：

（1）保护对象：系统的保护对象主要为火灾危险性大、火灾扑救难度大的专用设施或设备。

（2）适用范围：该系统不仅能够扑救固体火灾，尚可扑救液体火灾和电气火灾。

（3）水喷雾不仅可用于灭火而且可用于控火和防护冷却。

2. 泡沫—水喷雾联用灭火系统

针对隧道火灾的原因及特点，国内外专家普遍认为，常规的喷水不仅无效，而且有助于火灾的传播或加重火灾的危害，主要理由有：

（1）典型的火灾通常发生在车辆下部或车厢内部，顶部喷水没有灭火效果。

（2）如在火灾开始和喷头动作之间发生延误，在巨热火焰上喷一层薄水雾，实质上压不住火焰，反而将产生大量过热蒸汽，蒸汽比烟雾更具有危害性。

（3）隧道是狭长的，其横向和纵向有坡度，且是强制通风，又无防火分隔，因此热量不会局限于火。

（4）因为热气层流沿着隧道顶部运动，喷头动作可能不会固定在火焰上，如此大量的动作喷头将远离火场，产生冷却效果，致使烟雾层下降，影响逃生及消防人员视线。

（5）喷水会引起烟雾层分层，导致紊流，将空气和烟雾混合，威胁隧道中人员的安全。

而泡沫—水喷雾联用灭火系统可用于向包括火源在内的固定范围喷水，能够压制火势，冷却热气流、车辆及车上装载的货物，防止火势蔓延，大幅度提高其对 B 类火灾和 A 类火灾（如汽车轮胎和其他车载固体可燃物）的灭火效能，同时使扑救活动顺利进行。由于我国目前尚无泡沫—水喷雾联用灭火系统的配套规范，在已经投入运行和正在设计施工的系统均存在较多问题，其中包括产品质量、施工质量和管理不善等问题。

(五) 隧道消防给水管道

隧道消防给水管道应布置成环状。环状管网的进水管不应少于两根。当其中一根发生故障时，其余的进水管或引入管应能保证消防用水量和水压的要求。隧道消防给水管道基本要求如下：

（1）隧道内给水管道应采用阀门分成若干独立段，阀门宜采用普通闸阀或具有启闭信号反馈功能的信号阀门。

（2）隧道内给水管道的直径应经水力计算确定。管道宜敷设于检修道下的管沟内，管道敷设应有可靠的固定措施。

（3）隧道内给水管道应在最高部位设置自动排气阀，应根据需要设置管道伸缩器。泡沫灭火装置的给水管道上，应设置管道过滤器。

（4）消防给水管道应采用内外壁热镀锌钢管或符合现行国家或行业标准的其他给水管道。管道的连接应采用螺纹、沟槽式管接头或螺纹法兰连接。直径大于或等于100mm的管道，应分段采用螺纹法兰或沟槽式管接头连接。

（5）严寒地区消防管道可采取以下防冻措施：

①将管道埋于冻土层以下；

②管道采用保温材料包裹及电伴热；

③对管道保温材料，应选择能提供允许使用温度、导热系数、重度、机械强度和不燃性、难燃性、吸水性、吸湿性、憎水性检测证明的产品。

(六) 消防水源

消防用水可由市政管网、深井或天然水源供给，采用深井取水方式时应与施工用水充分结合。利用天然水源，应确保枯水期最低水位时的消防用水量，并应设置可靠的取水设施。如洞口附近无法找到合适的水源，还应配备运水车，消防补水时间可适当延长。隧道消防给水宜设置高位消防水池，利用重力流供水；当无条件设置高位水池时，可采用自动加压供水。当消防用水量达到最大时，其水压应满足隧道内最不利点灭火设施的要求。

(七) 消防水池

消防水池的有效容积应满足火灾延续时间内隧道消防用水量的要求。I级长隧道和特长隧道的火灾延续时间不应低于3.0h，其余隧道的火灾延续时间不应低于2.0h。消防应设置水位显示控制装置，消防水池的水位数据应能反馈到隧道消防控制中心；消防水池外应能进行现场水位观测。重力供水消防水池，其设置高程应能保证隧道最不利点消火栓灭火时的压力和流量要求。

(八) 消防水池

消防水池设置在山体上时，其选址和结构设计应考虑地震、山体滑坡等自然灾害和地质条件的影响，应确保其安全性和稳定性；严禁将消防水池设置在滑坡体和地震断裂带上。寒冷地区的消防水池应有防冻措施。

设置间距较近的隧道群，可共用消防水池，但应确保可靠供水。消防水池的有效容积应满足火灾延续时间内消防用水量最大的隧道的灭火要求。

当消防用水与其他用水共用水池时，应采取确保消防用水量不为他用的技术措施。

取用天然水源的消防水池，必须设置净化水、取水、给水设施，应符合规定。当消防水池与给水设施之间设置有中间水池和泵房时，其水池容积和水泵流量应能满足48h内补足消防水池贮水量的要求。

(九) 消防水泵房

消防水泵房应与其他附属用房综合考虑设置，应设置直通室外的安全出口。泵房内应设置消防水泵应急控制装置、火灾应急照明和消防对讲电话，配置移动式灭火器。消防水泵，稳压泵应具有降压启动的控制功能。消防水泵的选用应满足隧道内最不利点消火栓灭火时的流量和压力要求，并应设置备用消防水泵，其工作能力不应小于其中最大一台消防工作泵。消防水泵、稳压泵应采用自灌式吸水，其吸水管应设闸阀或带有锁定装置的蝶阀。出水管上应装设试验和检查用压力表和放水阀门。一组消防水泵的吸水管不应少于两条，当其中一条损坏或检修时，其余吸水管应能通过全部水量。消防水泵与隧道给水管网相连的供水管不应少于两条。隧道组共用消防水泵时，消防水泵的供水压力和流量应按各隧道中的最大设计压力和最大设计流量确定。

（十）移动灭火设备

长大隧道的消防设计管理应与当地消防部门结合，综合隧道特点考虑配置消防救援设施。特长隧道现场可设置中型消防摩托车、泡沫及清水消防车。长度大于1500m的高速公路隧道现场可设置消防摩托车、轻型泡沫及清水消防车。配置消防车的隧道与隧道管理中心或收费站房较近时，宜综合考虑设施与人员配置。

三、隧道消防联动控制系统

（一）一般要求

消防联动控制器应能按设定的控制逻辑发出联动控制信号，控制各相关的受控设备，并接受相关设备动作后的反馈信号。消防联动控制器的电压控制输出应采用直流24V。各受控设备接口的特性参数应与消防联动控制器发出的联动控制信号的特性参数相匹配。消防水泵、防烟和排烟风机的控制设备除采用自动控制方式，还应在消防控制室设置手动直接控制装置实现手动控制。

（二）消火栓系统的联动控制

1. 高位水池供水方式

在设置高位水池的隧道，消防联动控制应满足以下要求：

（1）自动控制方式，应由高位水池液位传感器动作信号，作为系统的联动触发信号，由消防联动控制器联动控制消防泵的启动，自动完成高位水池的补水。

（2）手动控制方式，应将消防泵控制箱的启动、停止触点直接引至设置在消防控制室内的消防联动控制器的手动控制盘，利用手动控制盘，手动完成高位水池的补水。

2. 消防水泵加压供水方式

（1）自动控制方式，应由消火栓按钮的动作信号作为系统的联动触发信号，由消防联动控制器联动控制消火栓消防泵的启动。

（2）手动控制方式，应将消火栓消防泵控制箱的启动、停止触点直接引至设置在消防控制室内的消防联动控制器的手动控制盘，实现消火栓消防泵的直接手动启动、停止。

（3）消火栓干管水流开关的动作信号或消火栓消防泵控制箱接触器辅助接点的动作信号作为系统的联动反馈信号，应传至消防控制室，并在消防联动控制器上显示。

（4）在未设置火灾自动报警系统的保护对象中，消火栓按钮的动作信号应直接联动启动消火栓消防泵。消火栓消防泵启动的联动反馈信号应在动作的消火栓按钮上显示。

（三）自动喷水灭火系统联动控制

自动喷水灭火系统的联动控制设计，应符合下列规定：

（1）自动控制方式，应由同一防护区域内两个及以上独立的火灾探测器或一个火灾探测器和一个手动报警按钮等设备的报警信号作为雨淋阀开启的联动触发信号，由消防联动控制器联动控制该防护区域的雨淋阀、雨淋消防泵或泡沫消防泵的启动。

（2）手动控制方式，应将分区阀雨淋阀和雨淋消防泵或泡沫消防泵控制箱的启动、停止触点直接引至设置在消防控制室内的消防联动控制器的手动控制盘，实现分区雨淋阀和雨淋泵或泡沫泵控制箱的直接手动启动、停止。

（3）雨淋消防泵或泡沫消防泵控制箱接触器辅助接点的动作信号作为系统的联动反馈信号应传至消防控制室，并在消防联动控制器上显示。

（四）防火门联动控制设计

车行横洞宜设置电动防火门，应由设置在防火门任一侧的火灾探测器的报警信号，作为系统的联动触发信号，联动控制防火门的关闭。防火门开启及关闭的工作状态信号应传至消防控制室。防火卷帘系统的联动控制设计，应符合下列规定：

（1）车行横通道上设置的防火卷帘，其自动控制方式，应由设置在防火卷帘两侧中任一组火灾探测的报警信号作为系统的联动触发信号，联动控制防火卷帘的下降。

（2）手动控制方式，应由在防火卷帘两侧设置的手动控制按钮，实现手动控制防火卷帘的升降。

（3）防火卷帘的动作信号作为系统的联动反馈信号应传至消防控制室，并在消防联动控制器上显示。

（五）应急广播系统的联动控制设计

应急广播系统的消控台的应急广播联动主机发出。火灾应急广播的单次语音播放时间宜在 10～30s，并应与火灾声警报器分时交替工作，可连续广播两次。应急广播主机应显示处于应急广播状态的广播分区和预设广播信息。应急广播应手动或按照预设控制逻辑自动控制选择广播分区，启动或停止应急广播系统。

第二章　公路隧道的通风技术研究

第一节　公路隧道需风量的计算

隧道通风的需风量一般按两种不同工况分别计算：一种是针对正常工况运营通风；另一种是火灾工况下的排烟通风。本章内容主要针对隧道运营通风的需风量计算方法，计算需风量主要用以选择通风机的设备容量。如果计算需风量太大将导致通风设备配置过量，增加隧道通风系统的初期投资及运行费用，需风量偏小将导致不能合理地稀释隧道内汽车尾气的污染物和烟尘浓度，无法保障行车的舒适性及驾驶员的可见度。目前，我国道路隧道通风的设计依据分别是《公路隧道通风设计细则》(JTG/T D70/2-02-2014)(以下简称《细则》) 提供的计算方法。

一、稀释 CO 的需风量

按照《细则》中规定，城市地下交通联络通道中 CO 排放量计算公式为：

$$Q_{CO} = \frac{1}{3.6 \times 10^6} \cdot q_{co} \cdot f_a \cdot f_b \cdot f_h \cdot f_{iv} \cdot L \cdot \sum_{m=1}^{n} (N_m \cdot f_m) \qquad (2\text{-}1)$$

式中：Q_{CO}——公路隧道 CO 排放量，m^3/s ；

q_{co}——CO 基准排放量，$m^3/$ (veh · km)，正常工况下取 $0.007 m^3/$ (veh · km)；

f_d——考虑 CO 的车况系数，一级公路取 1.0，二、三、四级公路取 1.1 ~ 1.2；

f_a——车密度系数；

f_h——考虑 CO 的海拔高度系数；

f_{iv}——考虑 CO 的纵坡—车速系数；

L——公路隧道长度，m；

f_m——考虑 CO 的车型系数，柴油车和小客车取 1.0，旅行车和轻型货车取 2.5，中型货车取 5.0，大型客车和拖挂车取 7.0；

n——车型类别数；

N_m——相应车型的设计交通量，veh/h。

稀释 CO 的需风量计算公式为：

$$Q_{rep(CO)} = \frac{Q_{CO}}{\delta} \cdot \frac{p_0}{p} \cdot \frac{T}{T_0} \times 10^6 \tag{2-2}$$

式中：$Q_{rep(CO)}$——公路隧道稀释 CO 的需风量，m^3/s；

Q_{CO}——公路隧道 CO 排放量，m^3/s；

δ——CO 设计浓度，ppm；

p_0——标准大气压，kPa；

p——公路隧道设计气压，kPa；

T_0——标准气温，K，取 273K；

T——地下交通联络通道夏季的设计气温，K，取 303K。

二、稀释烟尘的需风量

类似稀释 CO 的需风量计算方法，《细则》中给出的烟尘排放量按式 (2-3) 计算：

$$Q_{VI} = \frac{1}{3.6 \times 10^6} \cdot q_{VI} \cdot f_{a(VI)} \cdot f_b \cdot f_{h(VI)} \cdot f_{iv(VI)} \cdot L \cdot \sum_{m=1}^{n_D} (N_m \cdot f_{m(VI)}) \tag{2-3}$$

式中：Q_{VI}——公路隧道烟尘排放量，m^2/s；

q_{VI}——设计目标年份的烟尘基准排放量，$m^2/(veh \cdot km)$；

$f_{a(VI)}$——考虑烟尘的车况系数，一级公路取 1.0，二、三、四级公路取 1.2 ~ 1.5；

$f_{h(VI)}$——考虑烟尘的海拔高度系数；

$f_{iv(VI)}$——考虑烟尘的纵坡—车速系数；

$f_{m(VI)}$——考虑烟尘的柴油车车型系数，小客车、轻型货车为 0.4，中型货车为 1.0，重型货车和大型客车为 1.5，拖挂车和集装箱车为 3.0；

n_D——柴油车车型类别数；

fd——车密度系数；

L——隧道长度，m;

N_m——相应车型的设计交通量，veh/h。

稀释烟尘的需风量计算公式为

$$Q_{rep(VI)} = \frac{Q_{VI}}{K} \tag{2-4}$$

式中：$Q_{rep(VI)}$——公路隧道稀释烟尘的需风量，m^3/s;

K——烟尘设计浓度，m^{-1};

Q_{VI}——公路隧道烟尘排放量，m^2/s。

需要说明的是，烟尘浓度与经历时间没有关系，即使经历时间很短，也要满足确保视距（能见度）的要求。采用纵向通风方式时，稀释烟尘的需风量计算是按隧道出口或通风井排风口的"点浓度"来进行的。

三、换气次数的需风量

《细则》中要求，公路隧道空间的最小换气频率不应低于 3 次 /h，且对于采用纵向通风的隧道而言，隧道换气风速不应低于 1.5m/s。

具体来说，公路隧道换气次数的需风量可按式 (2-5) 计算：

$$Q_{rep(ac)} = \frac{A_r n_s L}{3600} \tag{2-5}$$

式中：$Q_{rep(ac)}$——公路隧道换气次数需风量，m^3/s;

A_r——公路隧道净空断面积，m^2;

n_s——公路隧道最小换气频率，即不应低于 3 次 /h;

L——公路隧道长度，m。

$$Q_{rep(ac)} = v_{ac} A_r \tag{2-6}$$

式中：$Q_{rep(ac)}$——公路隧道换气次数的需风量，m^3/s;

A_r——公路隧道净空断面积，m^2;

v_{ac}——隧道换气风速，不应低于 1.5m/s。

采用纵向通风的隧道，换气次数的需风量应按式 (2-5) 和式 (2-6) 计算，并取其大者作为最早隧道空间不间断换气的需风量。

第二节　公路隧道主要阻力和动力的计算

一、公路隧道自然通风力和交通通风力

公路隧道自然风引起的压差主要由隧道洞口间的气压坡度差、隧道内外温度差引起的热压差以及洞外季风吹入洞口时产生的"风墙式"压差构成。在实际公路隧道中，因时间和自然风风速、风向的变化使得这种自然通风力的大小和方向会经常变动。因此，从安全的角度考虑，通风设计中通常视自然风向与交通方向逆向，即作为阻力考虑。但当确定自然风作用引起的洞内风速常年与隧道通风方向一致时，即不开启机械通风设备或启用少量风机就能达到隧道通风的效果，宜作为隧道通风动力考虑。

自然通风力应按式（2-7）考虑。当自然通风力为阻力时，取"+"；当自然通风力为动力时，取"-"。

$$\Delta p_m = \pm(1 + \xi_e + \lambda_r \frac{L}{D_r}) \cdot \frac{\rho}{2} \cdot v_n^2 \qquad (2\text{-}7)$$

式中：Δp_m——公路隧道内自然通风力，N/m^2；

v_n——自然风作用引起的洞内风速，m/s；

ξ_e——公路隧道入口局部阻力系数；

γ_n——公路隧道沿程阻力系数；

L——公路隧道长度，m；

D_r——公路隧道断面当量直径，m；

ρ——空气密度，kg/m^3。

在单向交通情况下，交通通风力作为通风的一种动力。工况车速是指设计速度下按10km/h为一档划分的车速。当工况车速小于设计车速时，车辆成为洞内气流的局部阻力，如交通堵塞或慢速行驶时，交通通风作为阻力考虑，否则会产生通风能力不足的问题。在双向交通情况下，无法完全利用汽车产生的活塞风，为了避免发生通风能力不足的问题，交通通风力一般作为阻力考虑。

单洞双向交通隧道交通通风力可按式（2-8）计算：

$$\Delta p_t = \frac{A_m}{A_r} \cdot \frac{\rho}{2} \cdot n_+ \cdot (v_{t(+)} - v_r)^2 - \frac{A_m}{A_r} \cdot \frac{\rho}{2} \cdot n_- (v_{t(-)} + v_r)^2 \qquad (2\text{-}8)$$

式中：Δp_t——交通通风力，N/m^2；

n_+——公路隧道内与 v_r 同向的车辆数，$\dfrac{N \cdot L}{3600 \cdot ()}$；

n_-——公路隧道内与 v_r 反向的车辆数，$n_- = \dfrac{N_- \cdot L}{3600 \cdot v_{t(-)}}$；

A_r——公路隧道净空断面积，m^2；

ρ——空气密度，kg/m^3；

L——公路隧道长度，m；

N_+——公路隧道内与 v_r 同向的设计高峰小时交通量，veh/h；

N_-——公路隧道内与 v_r 反向的设计高峰小时交通量，veh/h；

v_r——公路隧道设计风速，m/s；

$v_{t(+)}$——与 v_r 同向的各工况车速，m/s；

$v_{t(-)}$——与 v_r 反向的各工况车速，m/s；

A_m——汽车等效阻抗面积，m^2。

单向交通隧道交通通风力可按式（2-9）计算。当 $v_t > v_r$ 时，取"＋"；当 $v_t \leqslant v_r$ 时，取"_"。

$$\Delta p_t = \frac{A_m}{A_r} \cdot \frac{\rho}{2} \cdot n_+ \cdot (v_{t(+)} - v_r)^2 - \frac{A_m}{A_r} \cdot \frac{\rho}{2} \cdot n_- (v_{t(-)} + v_r)^2 \qquad (2\text{-}9)$$

式中：ρ——空气密度，kg/m^3；

v_r——公路隧道设计风速，m/s；

v_t——各工况车速，m/s；

n_c——隧道内牛辆数，$n_c = \dfrac{N \cdot L}{3600 \cdot v_t}$；

其中 N——设计交通量，veh/h；

L——公路隧道长度，m。

汽车等效阻抗面积可按式（2-10）计算：

$$A_m = (1 - r_1) \cdot A_{cs} \cdot \xi_{c1} + r_1 \cdot A_{c1} \cdot \xi_{c2} \qquad (2\text{-}10)$$

式中：A_{cs}——小型车正面投影面积，m^2；

A_{c1}——大型车正面投影面积，m^2；

r_1——大型车比例；

ξ_{ci}——公路隧道内小型车或大型车的空气阻力系数，$\xi_{ci} = 0.0768x_i + 0.35$；

x_i——第 i 种车型在隧道行车空间的占积率，%。

二、公路隧道通风阻力的计算

公路隧道内通风阻力应按式（2-11）~式（2-13）计算：

$$\Delta p_r = \Delta p_\lambda + \sum \Delta p_{\xi i} \tag{2-11}$$

$$\Delta p_\lambda = (\lambda_r \cdot \frac{L}{D_r}) \cdot \frac{\rho}{2} \cdot v_r^2 \tag{2-12}$$

$$\Delta p_{\xi i} = \xi_i \frac{\rho}{2} \cdot v_r^2 \tag{2-13}$$

式中：Δp_r——公路隧道内通风阻力，N/m^2；

Δp_λ——公路隧道内沿程摩擦阻力，N/m^2；

L——公路隧道长度，m；

D_r——公路隧道断面当量直径，m；

ρ——空气密度，kg/m^3；

$\Delta p_{\xi i}$——公路隧道内局部阻力，N/m^2；

ξ_i——局部阻力系数，可由相关专业设计手册查询得到；

v_r——公路隧道设计风速，m/s。

第三节　纵向通风的设计与计算

一、全射流纵向通风

全射流纵向通风是纵向通风中最常用的方式，其利用悬挂在隧道顶部射流风机的高速气流诱导进行通风，通风道即车辆行驶的隧道断面。这种通风方式是在隧道顶部间隔一定距离设置射流风机，通风时根据隧道实际需风量开启一定数量的风机。射流风机工作时，风机出口处将会产生沿纵向运动的高速气流，推动前方的空气流动。另外，在风机入口处产生负压，抽吸后方空气，从而形成一个局部升压力，保证隧道内新鲜空气的流入和污染气体的排出。以行车方向为通风空气流动方向，在正常运行时，可以有效利用车辆行驶形成的活塞风。

隧道内压力平衡应满足式 (2-14)：

$$\Delta p_r + \Delta p_m = \Delta p_t + \Sigma \Delta P_j \tag{2-14}$$

式中：Δp_r——通风阻抗力，隧道摩擦阻力与出口局部阻力损失，N/m²；

Δp_m——自然通风力，当为通风阻力时为正，反之为负，N/m²；

Δp_t——交通通风力，当为通风阻力时为正，反之为负，N/m²；

$\Sigma \Delta P_j$——射流风机群总升压力，N/m²。

射流风机升压力与所需台数按下列要求进行计算。

(1) 每台射流风机升压力应按式 (2-15) 计算：

$$\Delta p_j = \rho \cdot v_j^2 \cdot \frac{A_j}{A_r} \cdot (1 - \frac{v_r}{v_j}) \cdot \eta \tag{2-15}$$

式中：Δp_j——单台射流风机升压力，N/m²；

ρ——通风计算点的空气密度，kg/m³；

v_j——射流风机的出口风速，m/s；

A_j——射流风机的出口面积，m²；

A_r——公路隧道净空断面积，m²；

v_r——公路隧道设计风速，m/s；

η——射流风机位置摩阻损失折减系数。

(2) 在满足公路隧道设计风速 v 的条件下，射流风机台数可按式 (2-16) 进行计算：

$$i = \frac{\Delta p_r + \Delta p_m - \Delta p_t}{\Delta p_j} \tag{2-16}$$

式中：i——所需射流风机的台数，台。

其余符号同上。

一般认为，纵向式通风的建设费用和运行管理费用低，是最经济的通风方式。特别是对于单向通行的隧道而言，能合理利用交通通风力，其通风所需动力显著降低。我国机械通风的公路隧道中，绝大多数采用的是全射流纵向通风。这种系统通风效果的好坏除了与风机本身的性能有关，还与隧道断面的几何因素、交通流量、自然环境（如风力、风向等）因素有关。

二、集中送入式纵向通风

集中送入式纵向通风方式是将较大功率轴流风机布置在公路隧道洞口附近，其喷流方向与交通方向一致，所产生的风压与交通通风力共同克服隧道通风阻抗和自然风阻力。

送风机送风口升压力可按式（2-17）计算：

$$\Delta p_b = 2 \cdot \frac{Q_b}{Q_r} \left(\frac{K_b \cdot v_b \cdot \cos \beta}{v_r} - 2 + \frac{Q_b}{Q_r} \right) \cdot \frac{\rho}{2} \cdot v_r^2 \tag{2-17}$$

式中：Δp——送风机送风口升压力，N/m^2；

Q_r——公路隧道设计风量，m^3/s，一般情况下 $Q_r = Q_{rep}$；

Q_{rep}——公路隧道需风量，m^3/s；

Q_b——送风口喷出风量，即送风机风量，m^3/s；

v_b——送风口喷出风速，一般取 20～30m/s；

β——喷流方向与隧道轴向的夹角，（°）；

K_b——送风口升压动量系数，可取 $K_b = 1.0$；

ρ——空气密度，kg/m^3；

v_r——隧道设计风速，m/s。

送风口面积 A_b 可按式（2-18）计算，且当为两车道隧道时 K_b 不宜大于 12.0m^2：

$$A_b = \frac{Q_b}{v_b} \tag{2-18}$$

送风机风量可按式（2-19）和式（2-20）计算，送风机设计全风压可按式（2-21）计算：

$$Q_b = \frac{Q_r}{2} \cdot \left[\sqrt{\alpha^2 + \frac{4\Delta p_b}{\rho \cdot v_r^2}} - \alpha \right] \tag{2-19}$$

其中：

$$\alpha = \frac{K_b \cdot v_b \cdot \cos_\beta}{v_r} - 2 \qquad (2\text{-}20)$$

$$p_{tot} = (\frac{\rho}{2} \cdot v_b^2 + \Delta p_d) \times 1.1 \qquad (2\text{-}21)$$

式中：p_{tot}——送风机设计全风压，N/m²；

Δpb——风道、送风口等部位的总压力损失，N/m²。

其余符号同前。

集中送入式纵向通风方式的工作原理与射流风机通风基本一样，属于同一类型。由于该方式在隧道内存在大风量高速喷流，一般适用于单向交通隧道。它的优点是便于集中控制和管理，升压效果显著，但在我国还没有采用该通风方式的隧道，这里所采用的通风参数参考了国外的经验和标准。

关于送风口升压动量系数 K，需综合考虑送风道和送风口的结构形式及工程造价，尽可能保证 K_b=1.0。

三、通风井排出式纵向通风

为了使纵向通风适用于长大隧道，又不使车道内风速无限制增大，用通风井或旁通道把隧道划分为适当的通风区段，以便供给新鲜空气和排出污染空气。通风井集中排风式通风是利用风机在通风井底部产生负压，使隧道洞口的新鲜空气进入洞内实现换气的通风方式。当此种通风用于双向交通隧道时，一般采用合流型通风井，通风井的位置应该在地形条件和土建结构实施条件允许的情况下尽量靠近隧道中央轴向。当此种通风方式用于单向交通隧道时，可采用合流型或分流型通风井，通风井的位置设置在靠近隧道出口一侧的位置。从环保角度考虑，洞内污染空气洞口排出量为零理论上是可行的，但这需要较大的通风井排风动力，消耗较大电力；另外，汽车交通流本身会带出一部分风量，因此将洞口处的污染风量定为零实际上很难实现。

通风井排出式纵向通风宜与射流风机相结合，形成通风井与射流风机相结合的组合通风方式。

在通风井排出式纵向通风方式的压力模式中，通风井底部左右两侧的风量受交通条件或自然风影响会出现不均衡及通风量不足的现象，从建设费和运营电力费的经济性角度考虑，排风量不宜过大。因此，解决方法之一是建议采用射流风机与通风井相结合的通风方式，如此则可调节通风井两侧区段的风量及风压平衡，避免第一、第二区段出现通风量不足的现象。同时，通风井排出式纵向通风中的排风系统升压效果非常小，往往难以与隧道所需压力平衡，为了解决升压力不足的问题，通常采用升压效果较显著的射流风机与之相结合。另一种解决方法是采用在隧道拱顶局部设置挡风板来增大某一区段通风阻力的方法进行风压调节，以满足两区段的风量及风压平衡。

通风计算应针对通风井位置及通风井与射流风机位置等各种方案相应的需风量、设计风量、风速等进行反复试算，确定合理的沿程压力分布。

四、通风井送排式纵向通风

通风井送排式纵向通风方式适用于单向交通隧道；近期为双向交通、远期为单向交通的隧道亦可采用此类通风方式，通过对远期交通量相对应的双洞单向交通情况和近期交通量相应的单洞双向交通情况分别计算，配备相应的通风设施。通风井送排式纵向通风的风流方向与车行方向完全一致，这将有利于车辆的交通风作用，当通风井位置选择适宜时，通风所需总功率也较小，是一种理想的节能通风方式。但当通风井位置选择在隧道中部时，往往会增加通风井深度，不仅大大增加了土建工程的投资，而且通风井中间加设横隔板大大增加了施工难度。

在通风井送排式纵向通风设计中应防止送、排风口间的短道段出现回流、短路以及污染问题，需要确定合理的短道长度。短道长度越长，其间污染浓度越大，且该段无新鲜空气补充。从这个意义考虑，送、排风口之间的短道不宜过长。但从防止回流方面考虑，为了避免送风口送入的新风从排风口直接排出，影响通风效率，该短道又不能过短。因此，应综合分析确定送、排风口之间的短道长度的合理值，根据国内外工程实践，通常短道段长度取50～60m较为合理。同时，为防止短道段内的气流出现回流、短路，因而在短道段应提供一定的窜流风速。

当采用通风井送排式纵向通风方式时，沿隧道全长排出废气的浓度分布为：隧道入口开始基本是呈直线状上升，在通风井底部达到最大值，过了送风口位置，浓度急剧降低，之后又几乎呈直线上升。如果有数个通风井，则重复上述状态，从理论上讲，采用这种通风方式，对隧道长度没有限制。

通风井送排式纵向通风中的排风系统其升压效果非常小，往往难以与隧道所需压力相平衡。为了解决升压力不足的问题，一般可采用升压效果较显著的射流风机与之结合。射流风机在组合通风中总体来说是辅助性的，合理确定其数量和适宜的安装位置，将会起到良好的通风升压效果。

五、吸尘式纵向通风

纵向通风时，理论上隧道内通风气流所消耗功率与通风量的三次方呈正比。因此，特长隧道通风用建设费、动力消耗费将显著增加。当通行的柴油车比例较大时，可采用其他技术措施。在稀释烟尘所需通风量很大的隧道中，一般情况下稀释 CO 的需风量小于为了改善能见度而消除烟尘的需风量。因此，将造成视距障碍的烟尘在隧道内除去，则可以减小设计需风量，从而达到节省费用和能源的目的，这正是将静电吸尘应用于隧道通风的原因。

吸尘装置一般在隧道内达到设计浓度前的位置处安装，吸尘装置的处理风量是下一区段（指两台吸尘装置之间的隧道长度）的需风量，由此吸尘装置处理风量的取值大小会影响吸尘装置的设置间距和设置台数。对于吸尘机滤除的粉尘，一般将其作固化处理，以便储藏或弃放，并可作为与其他物质的混合剂加以积极利用。

吸尘装置的安装方式一般有两种：一种是在隧道拱部轴向分散布置小容量吸尘装置的分散安装方式；另一种是在隧道主洞断面的旁侧隧道安装大容量吸尘装置的方式。当采用大容量吸尘装置时，其送风口尺寸受结构的制约，一般与通风井送排式纵向通风方式的送风口基本一样，风流以较高风速吹出，因此其升压力可按通风井送排式纵向通风的压力模式进行计算。

第四节　半横向和全横向通风的设计计算

一、半横向通风

半横向通风模式的形式介于纵向通风与全横向通风之间，可分为送风式半横向通风与排风式半横向通风，二者均于车行隧管之一侧设置通风管道。送风式半横向通风的新鲜空气由送风管道输入车行隧管，经与车道中的污浊空气混合后，在车道空间中作纵向流动，最后从隧道洞口排向外界。排风式半横向通风的新鲜空气由隧道洞口进入，并沿车道作纵向流动，经与车道中的污浊空气混合后，通过排风管道吸出，排向外界。

半横向式通风模式的送风道与排风道的风压可按下列具体要求计算：

当送风道断面积 A_b 沿隧道轴向不变，并由送风道往隧道内等量输送新鲜空气时，送风道始端动压可按式 (2-22) 计算，送风道静压差可按式 (2-23) 计算：

$$p_b = \frac{\rho}{2} \cdot v_{bi}^2 \tag{2-22}$$

$$p_{bi} - p_{b0} = k_{b0} \cdot \frac{\rho}{2} \cdot v_{bi}^2 \tag{2-23}$$

式中：p_b——送风道始端动压，N/m²；

v_{bi}——送风道始端风速，m/s，$v_{bi} = \dfrac{Q_b}{A_b}$；

Q_b——送风道风量，m³/s；

A_b——送风道面积，m²；

p_{bi}——送风道始端静压，N/m²；

ρ——空气密度，kg/m³；

p_{b0}——送风道末端静压，N/m²；

k_b——送风道风压损失系数，$k_b = \dfrac{\lambda_b}{3} \cdot \dfrac{L_b}{D_b} - 1$，其中，$\lambda_b$ 为送风道阻抗；

D_b——送风道当量直径，m；

L_b——送风道长度，m。

当排风道断面积 A_c 沿隧道轴向不变，且污染空气等量从排风道排出时，排风道始端动压可按式 (2-24) 计算，排风道静压差可按式 (2-25) 计算：

$$p_e = \frac{\rho}{2} \cdot v_{e0}^2 \qquad (2\text{-}24)$$

$$p_{ei} - p_{e0} = k_e \cdot \frac{\rho}{2} \cdot v_{e0}^2 \qquad (2\text{-}25)$$

式中： p_e ——排风道始端动压，N/m^2；

v_e^0 ——排风道始端风速，$v_{e0} = \dfrac{Q_e}{A_e}$；

Q_e ——排风道风量，m^3/s；

A_c ——排风道面积，m^2；

p_{ei} ——排风道始端静压，N/m^2；

p_{e0} ——排风道末端静压，N/m^2；

k_e ——排风道风压损失系数，$k_e = \dfrac{\lambda_e}{3} \cdot \dfrac{L_e}{D_e} - 1$，其中 λ_e 为排风道阻抗；

D_e ——排风道当量直径，m；

L_e ——排风道长度，m。

当采用送风式半横向通风方式时，隧道 x 点的设计风速可按式 (2-26) 计算：

$$v\,(x) = \text{——} \cdot x \qquad (2\text{-}26)$$

式中：$v_r(x)$ ——x 点的隧道风速，m/s；

q_b ——每单位长度的送风量，$m^3/(s \cdot m)$；

A_r ——隧道断面积，m^2；

x ——距中性点（$v_r=0$）的距离，m。

二、全横向通风

全横向通风系统由一个或数个新鲜空气管道沿隧道长度各截面将新鲜空气吹入隧道，排气则经由一个或数个排气管道沿隧道长度各截面将污染空气吸出，即送、排气经由同一截面横向流过隧道横截面。此种通风方式适合于中、长隧道，是各种通风方式中最可靠、最舒适的一种。横向通风保持整个隧道全程均匀的废气浓度和最佳的能见度。

横向式通风按照进、排风气流横穿隧道的流向，又可分为上流式通风和侧流式通风。

(一) 上流式通风

送风道设在车道下面或侧面，排风道设在车道上面，车道中的气流向上流动。一般用于圆形公路隧道，利用车道上下空间作为风道；非圆形隧道的送风道和排风道则都设在车道上面，新鲜空气经送风道的支风道，从侧壁下部孔口压入车道，气流仍向上流动，斜穿过车道被吸入排风道中。

(二) 侧流式通风

风道设在车道两侧，新鲜空气经一边侧壁进气孔压入车道，车道内的空气由另一边侧壁排气孔吸入排气风道，多用于沉管法施工的水底隧道。

当采用横向通风时，单位长度隧道的排风量与送风量相同，行车道内的气流均匀一致，沿隧道断面横向流动，具有很强的通风能力，可迅速排出隧道内的污染气体和烟雾等颗粒物，保证较高的舒适性和能见度。另外，发生火灾时，横向通风也便于烟气的及时排出，方便火灾的扑灭，安全性较高。然而，横向通风系统的不足也是显而易见的，送风道与排风道需要单独设置并有各自独立的通风设备，由此增加了隧道的土建费用和通风造价；隧道断面气流横向流动，无法有效地利用汽车行驶时产生的活塞风 (特别是对于单向交通隧道)，加上送、排风断面有限，运营通风费用大，限制了这种通风方式的使用。

全横向通风送风道和排风道的风压可按半横向通风方式的送风道与排风道风压进行计算。

在全横向通风方式中，送风机设计全压可按半横向通风中送风机设计全压进行计算。由于在标准大气压状态下的隧道内静压可取为零，因而全横向通风的排风机设计全压 p_{etot} 可按式 (2-27) 进行计算。

$$P_{etot} = 1.1 \times (排风风道所需始端压力 + 排风风道静压 - 排风风道末端压力 + 接风风道压力损) \tag{2-27}$$

最终，确定风机设计全压时，还应考虑风机本身的压力损失。

第五节　现代隧道通风技术的发展

一、公铁共建隧道的压力波

盾构法施工的隧道大多单独用于公路或地铁隧道。随着技术的发展，超大盾构直径的实现，公铁共建隧道将逐步成为高效利用地下空间资源的有效途径。

越来越多的研究开始关注公铁共建隧道内列车在通过过程中隧道壁面的压力（波）变化。这一压力的变化不仅可能影响隧道运营通风的有效性，更有可能影响隧道事故通风的可靠性。具体来说，列车以某一速度进入隧道，由于其对空气的挤压和隧道壁面对气流流动的限制，会在隧道内形成系列的压缩波和膨胀波，这些波在隧道内的传播和反射导致隧道内的压力随时间不断变化。列车通过隧道引起的空气流动通常是复杂的三维非定常、可压缩、紊态流动。对于公铁共建越江隧道而言，当上部公路隧道发生火灾时，疏散通道开启，此时下部地铁隧道正常运行，当列车通过隧道时，地铁隧道内压力不断变化，而疏散通道内维持 $30 \sim 50Pa$ 的正压，因此，地铁隧道进入疏散通道的防火门两侧的压力差也将不断变化。

二、回旋通风隧道的可行性

隧道通风的目的是把隧道内的有害气体或污染物降低至一个允许的浓度限值以下，以保证隧道内汽车行驶的安全性和舒适性；同时，采用高空排放，以满足环境要求。

目前，城市隧道多采用纵向通风方式，废气通过洞口直接排放或者在靠近两侧出口的地方各设置一座风塔，采用高空稀释的方式排放废气。若洞口两侧为居民区或风景区，对于较长隧道，洞口直接排放将造成环境污染；在洞口两侧设置排放塔与景观规划的矛盾较突出，选址困难，影响工程建设，这已经成为城市隧道建设的一大难题。而回旋通风纵向通风方式，将位于两侧的排放塔集中于可能远离居民建筑的隧道中部，通过隧道两端的回旋风道将出口侧的高浓度废气回旋至邻孔隧道后，至排放塔处排放。

从隧道内部看，横断面保持不变，气流仍为纵向流动，只是排风口由靠近出口改为靠近隧道中部，且每孔隧道仍保持一个排风口；从隧道外部看，只存在一座排放塔，由于排放塔位置相对灵活，可以缓解排放塔设置的困难。在排放塔旁设置新风塔，向隧道内补充新风可以改善隧道内的卫生状况，降低风塔排放浓度。

回旋通风方式作为一种新型的通风形式，在国内尚没有已建成的工程实践应用案例。对于这种通风形式，以下问题是必须考虑的：对于回旋通风式隧道，回旋风量应该取多少？大风量回旋通风系统的影响因素有哪些？它们是怎么作用于系统的？回旋通风系统，压力分布是怎么样的？对于采用了回旋通风系统的隧道，这些都是关系到隧道建设的实际问题。

三、隧道温升与喷雾降温技术的应用

(一) 隧道温升与喷雾降温介绍

隧道属于地下建筑，其传热特性与地上建筑完全不同。隧道往往具有蓄热能力强、热稳定性好、温度变化幅度小和夏季潮湿等特点。围护结构在传热的同时，还伴随着复杂的传质过程。研究表明，壁面采用防潮处理或做了衬套的地下建筑，壁面湿负荷不是很大，因而可以忽略。隧道内产生的大量热量长期在隧道围护结构累积，如此必然导致隧道温度的逐年升高，受温度应力的作用，衬砌和土壤膨胀，从而产生环向裂缝。这些裂缝不仅影响隧道衬砌受力，还会导致隧道渗漏水。

在通常车速条件下，乘用人员在隧道内的暴露时间达到 6～10min，而有关隧道内温度及暴露时间的建议为 40℃ 以上的时间为 2.5min。城市公路隧道内的热量 80% 以上来自机动车排放的尾气，照明等其他附属设备负荷和车辆空调负荷大约仅占 20%。隧道内车辆散发大量的热量于隧道空气中，热量在隧道围护结构及周边土壤累积导致温度逐年升高，隧道内空气向隧道围护结构的传热能力减弱，隧道内热环境将逐渐恶化，所以采用降温措施是必不可少的环节。

第一种方法是加大隧道内通风量。这种方法是采用大功率的射流风机，加强隧道内的通风换气，以达到排除热量的目的。但是，对于某一特定隧道，以控制温度为目的得到的需风量，将远远大于控制污染物为目的的需风量，导致控制代价过大。

第二种方法是利用隧道衬砌及土壤的蓄热（冷）性能和自然界存在的冷源：一天中的夜间低温大气和一年中冬天的低温大气。在炎热的夏天，夜间隧道外低温时刻进行通风换气，这样既可以把隧道内残留的热空气排出，又可以对隧道周围的土层进行蓄冷。同样，在冬天把外界大气的冷量储存在土壤中，对夏季隧道内空气温度控制也有一定的作用。但日本的吉田冶典等根据时间序列法得到的计算结果却是隧道围护结构蓄冷（热）量占隧道内发热量的比例不超过 3%，因此，认为利用隧道衬砌及土壤的蓄冷性能并不能有效控制隧道内的温升。

第三种方法是采用空调系统，在夏季高温时刻开启空调制冷，对隧道内空气进行降温处理。但这种方式需要配置大功率的空调，消耗相当多的电能。

第四种方法是在炎热的夏天，不定时地在隧道路面上洒水，在其上形成一层水膜，利用水膜的蒸发来达到降温的效果。但从试验效果来看，由于水膜与空气的接触面积有限，降温效果并不十分显著。

第五种方法是采用喷雾法。在隧道的某些部分喷水雾，利用水雾的气化潜热来消除隧道内热量。这种方法安装及运行费用低，效率高。但是，其冷却能力受隧道外空气相对湿度影响较大，同时喷水雾对隧道内能见度会有一定的影响，对行车安全是一个较大的挑战。

(二) 隧道累积温升数学模型

隧道内空气温升与隧道得热和散热直接相关，建立隧道空气热平衡过程示意图。通过对隧道内得热与散热因素的分析，得到隧道内得热、散热的途径，见表 2-1 所示。

表 2-1　隧道内得热、散热的途径

得　热	散　热
(1) 机动车油耗 Q_1 (2) 外界空气流入带来的热量 Q_2 (3) 隧道内灯光、设备散热量 Q_3 (4) 乘客和工作人员散热量 Q_4（可忽略）	(1) 空气流出带走的热量 Q_5 (2) 向周围岩土层和地下水中传出的热量 Q_6 (3) 水分蒸发的潜热 Q_7（可忽略）

1. 机动车放热量 Q_1

汽车行驶时内燃机燃料燃烧产生的汽车废气、发动机汽缸冷却热量、摩擦和辐射热量及空调系统冷凝热量完全排放到隧道内部。

2. 隧道向壁面散热量 Q_6

隧道壁面与隧道内空气存在温差，所以空气与隧道壁面之间存在对流换热。隧道在通车以前，隧道壁面温度等于地层初始温度；通车以后，由于车辆在运行过程中产生大量的热量散入隧道内的空气中，导致隧道内的空气与隧道壁面存在一定的温差，所以二者之间发生热交换。由于隧道壁面的温度升高，同时近壁面土壤温度也升高，从而导致隧道壁面与隧道内空气之间的传热热阻增加，传热能力减弱，随着时间的持续，空气向隧道壁面传热能力越来越弱。隧道壁面与隧道内空气换热量为

$$Q_6 \cdot dx = h[t\,(\tau,\ R,\ x) - T\,(\tau,\ x)] \cdot 2\pi R \cdot dx \tag{2-28}$$

式中：$T\,(\tau,\ x)$——隧道内空气温度，℃；

h——隧道壁面对流换热系数，W/（m^2·K）；

$t\,(\tau,\ R,\ x)$——隧道壁面温度，℃；

R——隧道半径，m。

3. 隧道空气带走的热量 $Q_5 - Q_2$

$$Q_5 \cdot dx - Q_2 \cdot dx = G \cdot c \frac{\partial T(\tau \cdot x)}{\partial x} \cdot dx + \rho \cdot \pi R^2 \cdot \frac{\partial T(\tau \cdot x)}{\partial \tau} \cdot dx \tag{2-29}$$

4. 空气与隧道传热理论

对于空气与隧道的换热，可以把隧道模拟成无限长圆柱体。但是，求解无限长圆柱体非稳态过程非常麻烦，为了简便起见，研究人员从恒热流作用下半无限大物体的不稳定传热入手，经过修正后得到无限长圆柱体的传热计算式，建立了空气与隧道壁面传热的模型。

半无限大物体在恒热流作用下的不稳定传热过程的温度场是一维的。根据傅立叶导热微分方程及初始条件、边界条件，可得出其温度场：

$$K_b = \cfrac{1}{\cfrac{1}{h} + \cfrac{1.13\sqrt{\alpha\tau}}{\lambda}} \tag{2-30}$$

$$q = \frac{T - t_0}{\dfrac{1}{h} + \dfrac{1.13\sqrt{\alpha\tau}}{\lambda}} \tag{2-31}$$

式中：h——隧道内空气与隧道壁面对流换热系数，W/（$m^2 \cdot ℃$）；

K_b——半无限大物体的传热系数，W/（$m^2 \cdot ℃$）；

T——隧道内空气平均温度，℃；

t_0——隧道周围土壤初始温度，℃；

τ——导热时间，h；

α——地层材料导温系数，m^2/h；

q——隧道壁面 T 时刻的热流密度，W/m^2；

λ——地层材料导热系数，W/（$m^2 \cdot ℃$）。

研究人员在上述公式的基础上引入形状修正系数 β，于是就近似得到无限长圆柱体的计算公式：

$$K_w = \frac{1}{\dfrac{1}{h} + \dfrac{1.13\sqrt{\alpha\tau}}{\beta\lambda}} \tag{2-32}$$

$$q = \frac{T - t_0}{\dfrac{1}{h} + \dfrac{1.13\sqrt{\alpha\tau}}{\beta\lambda}} \tag{2-33}$$

式中：K_w——隧道的传热系数，W/（$m^2 \cdot ℃$）；

β——隧道形状修正系数，$\beta = 1 + 0.76\dfrac{\pi}{u}\sqrt{\alpha\tau}$；

u——隧道断面周长，m。

其他符号同上。

上述结果存在一定的局限性。首先，这并不是从无限长圆柱体的直接求解得到的结果，而是采用形状修正的方式进行计算，因此，结果必然会存在一定的偏差。其次，其结果是在恒热流的边界条件下得出的，而实际的隧道传热过程是流体与固体耦合的过程，其边界条件是非等壁温、非等热流的传递过程。

为了建立隧道微元段空气能量平衡方程，故假设如下条件：

（1）隧道简化成圆筒，用水力直径作为定形尺寸。在满足工程要求的前提下，把隧道内空气温度分布按照一维考虑，即认为隧道同一截面上的温度分布相同，隧道内的空气是不可压缩流体。

（2）不考虑空气导热的影响。

（3）忽略土壤中因为水分的质迁移导致的热迁移，认为隧道围护与土壤之间通过纯导热进行传热。

第三章 隧道利用自然风节能通风设计方法

第一节 隧道自然风气象观测物理量获取

一、概述

隧道通风系统中的空气状态很大程度上取决于风道进口处的当地气象情况，所以研究隧道两端洞外空气的温度、相对湿度，风速和风向及压强随时间的连续变化规律、隧道各风道进出口高差以及气温差异在洞内形成的巨大自然风压，得出与温度和压力梯度有关的隧道自然风压，对计算隧道需风量，分析通风防灾系统自然风压的变化规律是非常必要的。由于气象因素变化多端，对隧道运营通风是一个随机的影响因素，在通风设计中应按某种较不利的情况进行考虑，从而使设计具有一定的可靠度。如果按此进行通风设计，则需要有一个设计频率的标准，并且需要隧道所在地多年的气象资料。

自动气象站系统是一种集气象数据采集、存储、传输和管理于一体的无人值守的气象采集系统。它在工农业生产，旅游、城市环境监测和其他专业领域都有广泛的用途。

PH 自动气象站用于测量气温、相对湿度、照度、雨量、风速、风向、气压、辐射等基本气象要素，具有显示、自动记录，实时时钟，超限报警和数据通信等功能。PH 自动气象站由气象传感器、PH 气象数据采集仪、PH 计算机气象软件三部分组成。PH 气象数据采集仪采集并记录各气象数据，采用汉字液晶数据显示，人机界面友好，具有设定参数掉电保护和气象历史数据掉电保护功能，可靠性高。PH 气象数据采集仪与计算机之间的通信方式有有线和 GPRS（General Packet Radio Service）无线通信两种方式，采用 GPRS 无线通信方式可选用 PH100OGPRS 无线数据通信终端。该自动气象站具有技术先进、测量精度高、数据容量大、遥测距离远、人机界面友好、可靠性高的优点，广泛用于气象、农业、海洋、环境、机场、港口、工业及交通等领域。

二、自动气象站测试方案设计

为使气象观测资料具有一定的代表性、比较性和准确性，需选择适宜的观测场所。为使观测结果能代表当地天气的实际情况，根据气象部门相关手册，观测场地的选择必须符合以下条件：

（1）地势较平坦，附近无高大建筑物和树木，远离湖泊和河流；

（2）观测场地的高程要准确；

（3）面积的大小应与仪器的安置数量相适用；

（4）经常保持场地的清洁，场内不得放置与观测无关的物体；

（5）维护场地内的自然状态，有积雪时，除小路上的积雪可以清除外，应保护场地积雪的自然状态；

（6）观测点应视界开阔，能够见到四周的地平线。

三、自动气象站相关参数性能

（一）PH 气象数据采集仪

可以接传感器，中间都是能接的传感器的类型，相对湿度、风速、风向，气压、辐射，雨量、土壤温度、土壤含水率，蒸发等气象传感器。采用微机芯片，仪表智能化，可直接在盘面上进行参数设定。掉电采用电池供电数据保护，设置的参数及历史数据可在掉电时保存。输入、输出采用光电隔离，抗干扰能力强。具有看门狗电路，自动复位功能，保证系统稳定运行。与上位机通信可采用 RS232、RS485、无线移动 GPRS。

主要技术指标：①环境温度：-40℃ ~ 70℃ ；②工作电源：220VAC；③显示形式：图形点阵液晶 104mm × 40mm；④数据储存容量：64k。

（二）风传感器

WC-1 型风传感器由风速传感器和风向传感器组成。风杯采用碳纤维材料，强度高，起动好。风向重锤采用附翼板，提高了动态特性。WC-1 风传感器互换性好、量程大、线性好、抗雷击能力强、工作可靠。该传感器广泛用于气象、海洋、环境、机场、港口、工农业及交通等领域。

(三) 温度传感器

温度传感器的精度和稳定性依赖于感温元件的特性及精度级别。传感器配有 5m、10m 的屏蔽电缆,广泛应用于气象、勘探、农业、制造业等领域。

气温传感器采用光刻铂电阻作为感应部件,感应部件位于杆头部,外有一层滤膜保护。可配专用的防辐射罩,保护传感器免受太阳辐射和雨淋。

主要技术指标:①测量范围: $-50℃ \sim +50℃$;②分辨率: $0.1℃$;③准确度: $\pm 0.2℃$。

(四) 湿度传感器

空气湿度传感器可用来测量空气湿度,感应部件采用高分子薄膜湿敏电容,位于杆头部,这种具有感湿特性的电介质其介电常数随相对湿度而变化。

主要技术指标:①测量范围: $0 \sim 100\%RH$;②输出范围: $0 \sim 100\%RH$, $0 \sim 1VDC$;③分辨率: $\pm 1\%RH$;④准确度: 3% $(T>0℃)$, $\pm 5\%$ $(T \leqslant 0℃)$;⑤稳定性: $<1\%RH/$ 年。

(五) 轻型百叶箱

轻型百叶箱与一般气象台站用的木质百叶箱的功能相同,都具有保护温湿度传感器免受太阳辐射和降雨影响的作用。与木质百叶箱相比,轻型百叶箱具有体积小、重量轻、安装方便等优点。轻型百叶箱采用直径220mm的人字形环形塑料盘制成,可以保证空气由任何角度自由通过,并反射来自任何方向的阳光。塑料盘片的配方独特,具有高反射率、低导热性、抗紫外线的功能,可用于极端的气候条件。

(六) 气压传感器

气压是作用在单位面积上的大气压力,即等于单位面积上向上延伸到大气上界的垂直空气柱的重量。气象上使用的所有气压表的刻度均应以 hPa

分度。在标准条件下，760mmHg 的气压等于 1032.25hPa，适用于各种环境的大气压力测量。气压计安放在采集器机箱内，使用时确保测压腔与外界大气通道畅通，通过静压管与外界大气相通。

主要技术指标：①测量范围：500~1060hPa；②分辨率：0.1hPa；③量程：0~110kPa；④环境温度：-10℃~60℃；⑤测量精度：±0.5%；⑥长期稳定性：≤±0.1%F.S/年；⑦响应时间：≤30ms；⑧最大工作压力：2倍量程；⑨测量介质：空气；⑩非线性：≤±0.2%F.S。

（七）GPRS 无线数据透传模块

PH1000 是一款内嵌 TCP/IP 协议栈的 GPRS 无线数据透传模块，核心部分由 SIEMENSMC39i 模块和 32 位 ARM7 工业级嵌入式微处理器构成。PH1000 将从 RS232/485 串口接收到的数据经过协议转换后通过 CPRS 网络无线发送出去，同时将从 GPRS 网络接收到的数据经过协议转换后发往串口。PH1000 兼容 SIEMENS MC39i 的所有 AT 命令集，并且具有看门狗功能。因此，PH1000 具有功能强大、运行稳定的特点。

第二节　隧道自然风风速确定

一、自然风

（一）自然风的产生

风是大气的水平运动。大气运动的能源来自太阳的辐射能被地表反射到大气中的能量。然而，地表接受太阳的辐射热量随纬度的升高而减小，再加上海洋和陆地热力学性质（吸热、传热、散热等方面）的差异，所以各地的气温不同，从而各地空气的密度和气压都不相同。如果同一水平面上两点的气压不相等，那么就会引起空气的水平运动。

由地球上赤道至南北两极间不同纬度的温度差和地球自转是地球大气环流的主要原动力，并在全球形成不同风带。

(二) 我国不同地域自然风风向的分布规律

隧道自然风的大小，方向与隧道所在地区的纬度、气候及地形有密切关系。了解全国各地的风向、风速分布情况，有助于研究某一具体隧道自然风的影响。但是，隧道所在山区的风向，风速往往又受地形的影响，与平原的气象情况有很大的差别。因此，设计隧道通风时必须注意把一般气象规律与当地具体气象情况相结合。

在冬季，蒙古高原的南部经常发生强大的反气旋。我国的东北、华北、华东、华南分别处于反气旋的东方或东南方。所以，上述各地冬季盛行风向都是偏北向，但各地相对于反气旋中心的位置不同，因而风向偏北的角度有所区别。东北地区在反气旋中心的东方，冬季盛行风向以西北方向为主；但在松嫩平原上，因其西部是大兴安岭，由西北方向吹来的风受大兴安岭阻挡，改变为以西南风与西风居多。华北平原，河套盆地、长江下游至浙江沿海，冬季盛行风向在北向和西北向之间。但从南京到武汉及南岭山区，处于高压脊的转角位置，风向又偏在北向和东北向之间。黄河上游在反气旋中心的南部，冬季风向不稳定，无风机会多。例如，兰州冬季静风频率占31.4%。云南高原海拔在 2000m 以上，西南风与西风为冬季主要风。

春季时各地风向不如冬季稳定。东北的松嫩平原，春季风向比较凌乱；山东半岛以南包括长江下游直到广东沿海，春季风向以南向至东南向为主；黄河上游接近大陆高压的东南角，风向多为北向至东向之间：云南高原仍以西南风为主。

我国夏季的气压场形势和冬季相反，各地盛行风向也改变成以偏南向至东南向为主。东南风的频率以华东沿海为最大。华南内陆夏季盛行风向为南向至西南向，长江中游风向偏南，云南高原偏西南风更多，四川盆地夏季偏北和偏南风的频率几乎相等。黄河中、下游的夏季风向主要是在东北向至南向之间，河套以西地区则以东南向至东北向居多。

秋季时我国各地的盛行风向已接近冬季状态，各地都以偏北风为主。

(三) 我国各地的风速分布

根据我国各地风速的年平均值，可将我国分成以下几个相对的大风区和小风区，并可将我国各地的风速绘制成等速线：

（1）沿海大风区包括从辽东半岛到北部湾，风速都比内陆大。年平均风速都在 2.5m/s 以上。

（2）从沿海向内陆，风速逐步减小，武夷山及其以西的赣江流域形成一个小风区。但该区两侧都有山岭，平原形状像漏斗，冬季从北流来的气流到了该区要加速，因而风速可达 1.5m/s 以上；夏季该区处于背风位置，风速较小。

（3）洞庭湖湘江流域的风速又增大到 2.0m/s 以上，形成内陆大风区。

（4）以长江三峡为中心的全国风速最小区，其范围为北至秦岭、南至黔鄂山地、东至宜昌、西至邛崃山东坡，包括四川中部、贵州北部、湘西、鄂西等地。该区地形闭塞又崎岖不平，是有名的东亚大气环流的"死水区"，年平均风速很小。

（5）西南高原的平均海拔已达 1000~2000m，风速显著增大，和四川相比，形成一个风速较大区域。例如，贵阳年平均风速为 3.0m/s，昆明为 2.7m/s，大理为 2.0m/s。此外，云南高原和横断山脉的山区中山谷风很显著。

（6）广西山地与南方沿海相比为小风区，年平均风速在 2.0m/s 以下。

（7）青藏高原为大风区。这一地区大风主要是由海拔高度较高所造成的。

（8）华北平原受西部太行山的约束，又是南北气流交换的孔道，所以形成大风区，尤以春冬两季风速较大。该地区年平均风速为 2.7~3.5m/s。

（9）黄土高原的风速比较小，一般在 2.0m/s 以下。过了陇西黄河风速又增大，河西走廊风速更大。

（10）松辽平原为大风区，平原的年平均风速在 3.0m/s 左右，该区山地风速在 3.0m/s 以下。

由于受地形因素的影响，我国还有几个有名的局部性大风区，具体如下：

（11）新疆乌鲁木齐的东南大风。由于天山山脉被乌鲁木齐南面的柴窝堡谷地切割成喇叭状缺口，呈东南—西北方向，乌鲁木齐位于北口，当天山南的气压比天山北的气压高时，谷地中出现偏西风。但喇叭管的作用使风速加大，到了喇叭管北端的乌鲁木齐便形成了强劲的东南风。

（12）新疆阿拉山口的西北大风。该山口两边的山峰相对高度为

2000 ~ 3000m，而且是冷空气侵入新疆的重要通道，喇叭状地形使风速加大。

（13）新疆喀什的春季大风，也是由于地形条件形成的。

（14）云南大理的雪风，多发生在冬春两季。这种风是内高山沿山坡吹下的较寒冷的强风。

（15）四川西部康定、小金一带的偏东大风，该区位于大雪山和邛崃山的东西向峡谷里，由于地形影响及川西高原与四川盆地受热不同，容易产生偏东大风。

二、隧道自然风及风速

自然风对隧道通风往往有着不可忽视的影响。隧道内形成自然风的原因有两个：一是两洞口大气压的超静压差；二是洞内外的气温差。

（一）两洞口大气压的超静压差

如隧道两洞口的高差并不大，则在 H 高度范围内，大气容重 γ 可认为是常量。在静止的大气中，低洞口的气压 P_1 与高洞口的气压 P_2 的压差称为静压差。

当隧道外有风流动时，必定有：

$$P_1 - P_2 \neq \gamma H \qquad (3-1)$$

引起隧道两端由洞口 1 流向洞口 2 的气流压差称为超静压差 △ P，则

$$\Delta P = P_1 - P_2 - \gamma H \qquad (3-2)$$

隧道两洞口大气压存在超静压差 ΔP 的原因，首先是隧道上空的大气存在水平气压梯度。其值一般为 1 ~ 3MPa/km（相当于 0.09 ~ 0.28mmH₂O/km），而大气压的等压线不一定与隧道垂直，因而由它所形成的两洞口间的水平气压差很小。虽然其数值很小，但它是大气水平运动的启动力，有大气水平气压梯度的存在才能产生风。一旦隧道外有自然风之后，速度为 v 的风绕流过高山时在山前形成正压而在山后形成负压，两者压差的大小与山的形状有关。

这是超静压差的主要部分。例如，洞外吹三级风，风速约为 4.5m/s，空气密度 p=1.2kg/m³，则山前和山后的超静压差可达 14.6N/m³（相当于 1.5mmHg）。对于某一具体隧道，其超静压差应模拟山体形状在空气动力学的风洞试验中测定。

（二）洞内外的气温差

形成隧道内自然风的另一个原因是洞内外气温的差异，致使洞内外空气的密度不同，即容重不同。如洞内气温高于洞外气温，则洞内空气的容重比洞外空气的容重小。于是，洞外空气有从低洞口流入洞内，将洞内空气从高洞口赶出的趋势，即浮升效应。反之，如洞内气温低于洞外气温，则洞内空气容重比洞外空气容重大。在这种情况下，洞内空气有从高洞口流向低洞口并流出洞外的趋势，即沉降效应。与此同时，洞外空气将从高洞口流入洞内。这种由洞内外的气温差及两洞口的高程差所引起空气流动的压力称为热位差。

（三）自然风风速和风向

在现场测量获得的洞口风速值均很小，这是由于隧道外吹向隧道洞口的自然风在碰到山坡后，受到阻挡使其速度减小，其部分动压转变成静压力。这种吹向洞口时产生的风压，有人形象地称为"风墙压差"。此部分动压即为山体迎风面正压区的风压，对于风向与隧道纵向成 α 角的外界自然风，其风墙压差可近似用下式计算：

$$\Delta P_v = \delta \frac{\rho v_n^2 \cos^2 \alpha}{2} \tag{3-3}$$

式中：v_n——隧道外自然风速，m/s。

α——自然风风向与隧道纵向所成夹角。

δ——风压系数，由风向，山坡倾斜度及表面形状，附近地形及洞口形状，尺寸而定。现场测试表明，在风速为 $1 \sim 9$ m/s 的情况下，当自然风风向与隧道纵向一致时，隧道迎风面洞口风压系数 δ 大致为 0.7；当自然风风向与隧道纵向垂直时，隧道迎风面洞口风压系数 δ 接近为 0。

由以上分析可知，自然风压的影响因素应由三部分构成，即：

（1）洞内环境因素——隧道内外气温引起的热位差；

（2）洞外环境因素——隧道两洞口大气的水平气压梯度产生的超静压差；

（3）洞口环境因素——外界自然风吹至洞口时产生的风墙压差。

两洞口大气压的超静压差与热位差可以叠加，分析表明洞内自然风等

效压差由三部分组成，即

①两洞口大气压的超静压差 ΔP。

②洞外自然风气流吹至洞口时产生的动压（风墙压差）ΔPv。它是在两洞口大气压的超静压差作用下进入隧道的气流所带入的动能。当自然通风时，动压与 ΔP 同时存在（如 $\Delta P=0$，则 $v_n=0$）。

③热位差 $(\rho_1 - \rho_d)gH$。它是由洞内外气温差引起的。当 $\rho_1 < \rho_d$ 时，热位差自动显示为负值，表示它将促使隧道内空气由高洞口流向低洞口。

则洞内自然风等效压差为：

$$P_n = \Delta P + \delta \frac{\rho v_n^2 \cos^2 \alpha}{2} + (\rho_1 - \rho_d)gH \tag{3-4}$$

式中：ρ——密度（kg/m³）；

ρ_1、ρ_d——洞口的空气密度（kg/m³）；

其他符号同前。

而自然风在隧道内流动过程中的阻力（压头损失）可表示为：

$$P_o = (1 + \xi + \lambda \frac{1}{d})\frac{\rho_d v_n^2}{2} \tag{3-5}$$

上述对于隧道自然风的分析，对于一般无竖井（或斜井）普通中短隧道是适用的，而对于有竖井（或斜井）隧道则情况更为复杂，需要分段进行。

在隧道通风技术发展初期，人们曾在长隧道中设置竖井（或斜井）以期获得稳定的自然风通风效果，但事实表明，这一方法收效甚微。因为隧道内外的气温差随着季节的不同而有很大的变化，且只在冬夏两季竖井（或斜井）才能形成较大的热位差，从而在洞内形成较大的自然风；而在春秋两季洞内外气温差比较小时，竖井（或斜井）的热位差及其所形成的自然风就很小，所以竖井（或斜井）不能在全年四季都起有效的通风作用。

第三节　隧道自然风利用模式及节能设计方法

一、概述

在传统的隧道通风设计中，自然风的计算存在两个问题：一是将自然风作为阻力，而现实中自然风有时是动力、有时是阻力；二是自然风的计算在规范中一般取值为 2~3m/s。根据现场实测，在隧道内，特别是位于气象分隔带处的隧道，自然风风速常常会达到 4~7m/s。这种情况下，不设机械通风设备或启用少量风机就可以达到隧道通风的效果，而按照规范将自然风作为阻力来克服的话，需要启用大量的风机，不经济也不科学。

利用自然风进行通风的设计思想：根据隧道所处位置的气象条件，或完全利用自然风，或利用少量通风机械设备进行辅助和补充，对自然风诱导、控制、调节，从而达到隧道通风的目的。通风系统最大限度地利用自然能和最小限度的人工干预。

利用自然风进行节能设计与以往的通风设计相比，自然风的取值并不是根据规范规定的 2~3m/s 的最不利自然风进行取值，而是在对全年隧道内的自然风数据进行统计后按照一定的保证率来对自然风设计风速进行取值。并且除了需要通过需风量和通风阻力计算得到通风功率，还需根据隧道内的自然风情况划分不同的时段，每个时段按照自然风利用原则进行设计和控制，若自然风有利则对其利用，若自然风不利则作为阻力进行克服。隧道内存在自然风是利用自然风进行节能设计的条件，并不是所有的隧道都可以利用自然风进行节能通风。只有当主隧道内常年存在风向恒定的自然风，且自然风风向与机械通风方向同向时，才可以利用自然风进行通风。一般处于气象分隔带或洞口两端压差大的隧道可以利用自然风进行通风设计。

得出隧道内的全年自然风风速、风向规律是利用自然风进行节能通风设计的基础。有了隧道内全年的自然风风速、风向数据，才可以由此得出满足一定保证率的设计风速，并根据不同的风速风向进行节能设计。

二、隧道自然风利用模式

(一) 自然风利用原则

为了尽可能地利用自然风对隧道进行通风，将自然风作为动力而非阻力，确定利用自然风进行通风的控制原则为：

(1) 机械通风的风向应综合考虑自然风主风向与交通风方向；

(2) 当自然风风向与通风方向一致，且大于设计风速时，完全利用自然风进行通风，不开启通风设备；

（3）当自然风风向与通风方向一致，且小于设计风速时，开启部分风机（由自然风阻为零计算出开启风机数目），部分利用自然风通风；

（4）当自然风风向与通风方向反向时，通风不利用自然风，自然风作为阻力考虑，通风功率为自然风风阻取保证率风速计算得出的功率。

对于纵向分段的通风，也可以依据本原则进行优化节能设计。不过，由于带有竖井的通风网络相对复杂，应将其分段看作若干独立的隧道组成，各个区段分别进行通风优化设计。

（二）自然风利用模式

当自然风实际工况与通风方向反向时，自然风取保证率风速为计算风速；当自然风实际工况与通风方向同向，且小于设计风速时，自然风取 0m/s 为设计风速。针对泥巴山隧道各个区段，分别计算自然风为保证率风速和风速 0m/s 情况下所需开启的风机。

三、隧道自然风节能设计

（一）节能风道设计

风机房风道内由于安装有轴流风机，在风机不开启的情况下，自然风无法通过。因此，需要在土建上进行改建，或采取其他措施，以达到充分利用自然风的目的。

为了使自然风通过竖（斜）井，达到利用自然风的目的，可选用利用辅助风道和开启轴流风机两种方式：

（1）当竖井内存在与通风方向同向的自然风，且自然风风速达不到设计风速时，可采取开启竖井内轴流风机的方式，部分利用自然风。开启功率由竖井内自然风风速决定。

（2）当竖井内存在与通风方向同向的自然风，且自然风风速大于设计风速时，可采取开启辅助风道的方式，通过控制风门调节风速的大小。

进入 20 世纪 90 年代后，一些国家尤其是日本在采用竖井通风方式时，较多地将风机房设在地下，即竖井底部与正洞连接处的山体内。这种设置方式在工程费用方面一般高于洞外设置方式，但可节省土地，保护植被环境，并且由于风机房位于隧道内路侧边，便于设备的维护管理和工作人员进出。

对于地下风机房，在风机房内由于安装有风机，在风机不开启的情况下风道是被风机阻隔的。因此，需要在风机房风道位置处设置辅助风道，以保证在风机关闭的情况下，自然风可通过辅助风道进入隧道。其中，辅助风道口设有风门，对自然风风速可以进行调节。

地面风机房较多设置在隧道洞口附近和竖井地表换风塔口附近。在进风口（出风口）处自然风被风机阻隔，在不开启风机的情况下，自然风不能进入竖井内。因此，也需要设置辅助风道和风门，以保证在不开启风机的情况下，自然风可以进入隧道内。

(二) 控制时段划分

对于自然风的利用，可以分时段控制，也可以实时控制。

（1）分时段控制，即根据计算得到的自然风的规律，将全年划分成不同的控制时段，每个控制时段按该时段内的最不利工况进行控制。时段划分得越细，控制越精确，也越节能。但与此同时，需要设备频繁开启关闭，对设备的影响也越大。

（2）实时控制，是根据隧道内实际自然风风速情况，对通风设备实时控制。按照该时刻实际的自然风风速，进行节能通风控制。实时控制与分时段控制相比，更加节能，更能符合实际，但对设备要求也更高。实时控制需要安置风速传感器，并通过风速传感器测得的风速值对通风设备进行控制。通风设备需要具有不同工况下快速转换的功能。

(三) 控制策略确定

在采集隧道自然气象数据后，依据环境参数，计算出全年的自然风分布。将全年 12 个月份按照白天（6∶00—18∶00）和夜间（18∶00—6∶00）分为 24 个时段，不同时段根据不同的自然风方向和大小采取相应的策略。当一个时段内风速、风向变化频繁，而无法确定固定的模式时，按照最不利的工况进行通风。

第四章　公路隧道通风中的风机系统优化设计

第一节　轴流风机并联安全性分析

一、轴流风机运行工作原理

轴流风机既具有风量大、压头低的特点，又具有结构紧凑、可逆转运作、进风和出风在一条直线上、方便接管和安装等优点，目前在长大公路隧道通风系统中的应用日趋广泛。

(一) 单台轴流风机工作原理

单台轴流风机以一定转数运行时，其风机性能曲线是由无数组流量和对应的压力值 (p_1, Q_1)、(p_2, Q_2) ……组成。风机在性能曲线上哪一点工作，取决于所连接的管路特性，即整个隧道的阻力特性，当风机提供的压头与整个隧道所需的压头得到平衡时，这就是风机的"自动平衡性"。

(二) 多台轴流风机并联工作原理

在长大公路隧道通风系统中，由于需风量很大，往往一台轴流风机风量无法满足，需增加至两台甚至更多台风机并联运行，以实现大幅度调节风量。以下以两台轴流风机并联运行时的工作原理进行分析。

两台风机并联运行时，可能采用型号相同、运行转数相同，或型号相同、运行转数不同，或型号不同、运行转数相同等多种工况运行，但其工作原理相同。下面以两台型号相同、运行转数相同的风机并联运行时的工作原理进行分析。

两台风机并联运行时，两风机入口和出口均处于相同的压力下运行，但在总管中的流量则是两风机运行风量之和。

二、轴流风机安全性选型及控制要求

单台或多台轴流风机只有在稳定的工作区运行，产生的压力与系统的阻力相等，产生的风量等于系统的需风量时，才能保证其连续稳定的运行。轴流风机稳定的运行工况点是风机特性曲线与系统阻力特性曲线的交点，是风机特性和整个系统阻力特性共同决定的。

因此，风机的选型应尽量遵循以下几点原则：

（1）需综合考虑整个隧道通风系统阻力特性曲线和轴流风机特性曲线，使风机工作点位于风机最高效率 ±10% 的高效区内，并处在风机特性曲线右侧下降段，以保证工作的稳定性和经济性。

（2）在满足土建要求和需风量要求的前提下，尽可能选择单台轴流风机，因为一般来说，风机的联合运行要比单机运行的效果差、工况复杂、分析麻烦。

（3）当需风量较大时，需要两台甚至多台风机并联运行时，应尽可能选择同型号，同转数的风机；如果隧道内车流密度变化较明显、需风量变化较大时，考虑隧道通风系统的节能效应，可采用一大一小的搭配，但选型时须注意并联风机运行的稳定性，防止风机发生失速、喘振等现象。

在一些隧道设计中，考虑到远期隧道运营通风需求与近期需求差别较大，需要增加并联风机的台数。因此，如果需要三台或四台轴流风机同时并联运行时，采用动叶可调轴流风机无疑是既安全可靠又节能的较好方案。

第二节 轴流风机效率提高方法

一、轴流风机损失与效率计算方法

轴流风机的基本方程——欧拉方程的建立曾假定："流体在整个叶轮中的流动过程为理想过程，其工作时没有任何能量损失，原动机加到风机轴上的能量被输送流体全部获得。"而实际流动过程中，流体从进口轴向吸入，然后以约90°折转进入叶道，通过旋转叶轮获得能量，由蜗壳集中，再从出口排出。流体流动过程所通过的流道比较复杂，在流通过程中势必产生各

种损失，这就必然要对前述理论进行修正。目前，对这些损失的理论计算尚欠完善，但有必要分析这些损失的产生并对它们有个概略的估计，以便设计中尽可能地减少损失，使风机获得良好的效率。

风机的损失大致可分为流动、泄漏、轮阻和机械损失等。其中，流动损失引起风机扬程和全压的降低；泄漏损失引起风机流量的减少；轮阻和机械损失则会使风机多耗功。

(一) 流动损失与流动效率

1. 流动损失

流动损失的根本原因在于流体具有黏滞性。风机从进口到出口，由许多不同形状的流道组成，多种原因使风机往往并不能在设计工况下运转。当工作流量不等于设计流量时，则进入叶轮叶片流体的相对速度方向就不再同叶片进口安装角的切线相一致，从而与叶片发生冲击作用，形成撞击损失。另外，在整个流动过程中，一方面存在着从叶轮进口，叶道、叶片扩压器到蜗壳及出口扩压器沿程摩擦损失，另一方面还因边界层分离，产生涡流损失（边界层分离、二次涡及尾迹等）。至于整个流动损失的计算，一般以流体力学计算损失公式的形式，按单项分别估算。

2. 流动效率 η_h

有限叶片的理论扬程 H_T 或理论全压 p_T 为实际扬程 H 或实际全压 p 与流动总损失 ΔH_h 或 Δp_h 之和。实际扬程或实际全压与理论扬程或理论全压之比，叫作流动效率，即：

$$\eta_h = \frac{H_T - \sum \Delta H_h}{H_T} = \frac{H}{H_T} \text{ 或 } \eta_h = \frac{P_T - \sum \Delta P_h}{P_T} = \frac{P}{P_T} \tag{4-1}$$

(二) 泄漏损失与泄漏效率

1. 泄漏损失

离心式风机静止部件和转动部件间必然存在一定的间隙。流体会从风机转轴与蜗壳之间的间隙处泄漏，称为外泄漏。离心式风机因外泄漏损失很小，一般可略去不计。当叶轮工作时，机内存在着高压区和低压区，蜗壳靠近前盘的流体，经过叶轮进口之间的间隙，流回到叶轮进口的低压区而引起的损失，称为内泄漏损失。此外，对离心泵来说，平衡轴向推力常设置平衡孔，同样引起内泄漏损失。随着泄漏的出现导致出口流量降低，又消耗一定的功率。泄漏量 q（$\mathrm{m^3/s}$）可按以下公式进行计算：

$$q = \pi D \delta \alpha 2 u_z \sqrt{\frac{\bar{p}}{3}} \tag{4-2}$$

式中：D——叶轮叶片进口直径（m）；

δ——间隙大小（m）；

α——间隙边缘收缩系数，一般取 0.7；

u_z——叶轮外径的圆周速度（m/s）；

$\bar{p}$——风机的全压系数。

2. 泄漏效率

通常用泄漏效率 n_e 来表示泄漏损失的大小，它与泄漏量 q 直接相关。

$$\eta_e = \frac{Q_T - q}{Q_T} = \frac{Q}{Q_T} \tag{4-3}$$

式中：Q——风机的实际流量，$Q = Q_T - q$。

显然，要提高泄漏效率，就必须减小回流量，减小回流量的措施有两项：一是尽可能增加密封装置的阻力，如减小密封环间隙或将密封环做成曲折形状；二是尽量减小密封环的直径，从而降低其周长，以减小流通面积。

（三）机械损失与机械效率

1. 机械损失

机械损失是指风机的轴承和轴封的摩擦损失以及叶轮盖板旋转时与流体之间发生的圆盘摩擦损失。机械损失的总功率以 ΔN_m 表示，它包括轴封和轴承的摩擦损失功率 ΔN_1 和圆盘摩擦损失功率 ΔN_2，即

$$\Delta N_m = \Delta N_1 + \Delta N_2 \tag{4-4}$$

2. 机械效率

风机的机械损失可以用机械效率 n_e 来表示：

$$\eta_e = \frac{Q_T - q}{Q_T} = \frac{Q}{Q_T} \tag{4-5}$$

式中：轴功率 N 是理论功率 N_T 与机械损失功率 ΔN_m 之和，即

$$N = N_T + \Delta N_m = \gamma Q_T H_T + \Delta N_m \qquad (4\text{-}6)$$

(四) 风机的全效率

如果只考虑机械效率, 原动机供给风机的轴功率应为:

$$N = \frac{\gamma Q_T H_T}{\eta_m} \qquad (4\text{-}7)$$

然而, 风机实际所得的有效功率为:

$$N_e = \gamma Q H \qquad (4\text{-}8)$$

按照效率的定义, 风机的全效率可由下式导出:

$$\eta = \frac{N_e}{N} = \frac{\gamma Q H}{\gamma Q_T H_T} \eta_m = \eta_h \eta_e \eta_m \qquad (4\text{-}9)$$

由上面的公式, 可以假定单台轴流风机在无限大的空间内, 在不受外界条件的干扰下, 可以得到在一定流量下的风机的全压, 此时分别记为 Q_T、H_T, 而风机实际所得的流量和风机的全压分别记为 Q、H, 则风机的效率为:

$$\eta = \frac{Q H}{Q_T H_T} \qquad (4\text{-}10)$$

由上面的假定可以通过数值模拟, 得到在不同的流量 Q_T 下风机的理论全压 H_T, 进一步计算其不同安装位置以及并联影响时的效率。

二、轴流风机数值计算方法

(一) 数学模型

地下风机房内轴流风机运行时, 风机出口风速较大, 但其马赫数仍小于 0.3, 因此可以不考虑空气的压缩性, 按不可压缩流处理。隧道风机房内的流动一般属于紊流流动状态, 所以地下风机房内的流场是三维、不可压缩、黏性的湍流场。湍流模型采用标准的 $k\text{-}s$ 双方程模型。数学模型包括连续性方程、动量方程和 $k\text{-}s$ 模型方程。

1. 连续性方程

$$\frac{\partial u}{\partial x} + \frac{\partial v}{\partial y} + \frac{\partial w}{\partial z} = 0 \qquad (4\text{-}11)$$

2. 动量方程

$$\frac{\partial(\rho uu)}{\partial x} + \frac{\partial(\rho uv)}{\partial y} + \frac{\partial(\rho uw)}{\partial z}$$

$$= \frac{\partial}{\partial x}\left[(\eta + \eta_1)\frac{\partial u}{\partial x}\right] + \frac{\partial}{\partial y}\left[(\eta + \eta_1)\frac{\partial u}{\partial y}\right] + \frac{\partial}{\partial z}\left[(\eta + \eta_1)\frac{\partial u}{\partial z}\right] + S_u \quad (4-12)$$

$$\frac{\partial(\rho uv)}{\partial x} + \frac{\partial(\rho vv)}{\partial y} + \frac{\partial(\rho vw)}{\partial z}$$

$$= \frac{\partial}{\partial x}\left[(\eta + \eta_1)\frac{\partial v}{\partial x}\right] + \frac{\partial}{\partial y}\left[(\eta + \eta_1)\frac{\partial v}{\partial y}\right] + \frac{\partial}{\partial z}\left[(\eta + \eta_1)\frac{\partial v}{\partial z}\right] + S_v \quad (4-13)$$

$$\frac{\partial(\rho wu)}{\partial x} + \frac{\partial(\rho wv)}{\partial y} + \frac{\partial(\rho ww)}{\partial z}$$

$$= \frac{\partial}{\partial x}\left[(\eta + \eta_1)\frac{\partial w}{\partial x}\right] + \frac{\partial}{\partial y}\left[(\eta + \eta_1)\frac{\partial w}{\partial y}\right] + \frac{\partial}{\partial z}\left[(\eta + \eta_1)\frac{\partial w}{\partial z}\right] + S_w \quad (4-14)$$

3. 紊流动能 k 方程

$$\frac{\partial(\rho ku)}{\partial x} + \frac{\partial(\rho kv)}{\partial y} + \frac{\partial(\rho kw)}{\partial z}$$

$$= \frac{\partial}{\partial x}\left[(\eta + \frac{\eta_1}{\sigma_k})\frac{\partial k}{\partial x}\right] + \frac{\partial}{\partial y}\left[(\eta + \frac{\eta_1}{\sigma_k})\frac{\partial k}{\partial y}\right] + \frac{\partial}{\partial z}\left[(\eta + \frac{\eta_1}{\sigma_k})\frac{\partial k}{\partial z}\right] + S_k \quad (4-15)$$

4. 紊流动能耗散率 ε 方程

$$\frac{\partial(\rho \varepsilon u)}{\partial x} + \frac{\partial(\rho \varepsilon v)}{\partial y} + \frac{\partial(\rho \varepsilon w)}{\partial z}$$

$$= \frac{\partial}{\partial x}\left[(\eta + \frac{\eta_1}{\sigma_\varepsilon})\frac{\partial \varepsilon}{\partial x}\right] + \frac{\partial}{\partial y}\left[(\eta + \frac{\eta_1}{\sigma_\varepsilon})\frac{\partial \varepsilon}{\partial y}\right] + \frac{\partial}{\partial z}\left[(\eta + \frac{\eta_1}{\sigma_\varepsilon})\frac{\partial \varepsilon}{\partial z}\right] + S_\varepsilon \quad (4-16)$$

式中:

$$S_u = \frac{\partial p}{\partial x} + \frac{\partial}{\partial x}\left[(\eta + \eta_1)\frac{\partial u}{\partial x}\right] + \frac{\partial}{\partial y}\left[(\eta + \eta_1)\frac{\partial v}{\partial y}\right] + \frac{\partial}{\partial w}\left[(\eta + \eta_1)\frac{\partial w}{\partial x}\right]$$

$$S_v = \frac{\partial p}{\partial y} + \frac{\partial}{\partial x}\left[(\eta + \eta_1)\frac{\partial u}{\partial y}\right] + \frac{\partial}{\partial y}\left[(\eta + \eta_1)\frac{\partial v}{\partial y}\right] + \frac{\partial}{\partial w}\left[(\eta + \eta_1)\frac{\partial w}{\partial y}\right]$$

$$S_w = \frac{\partial p}{\partial z} + \frac{\partial}{\partial x}\left[(\eta + \eta_1)\frac{\partial u}{\partial z}\right] + \frac{\partial}{\partial y}\left[(\eta + \eta_1)\frac{\partial v}{\partial z}\right] + \frac{\partial}{\partial w}\left[(\eta + \eta_1)\frac{\partial w}{\partial z}\right]$$

$$S_k = \left\{ \begin{array}{l} 2\left[\left(\dfrac{\partial u}{\partial x}\right)^2 + \left(\dfrac{\partial v}{\partial y}\right)^2 + \left(\dfrac{\partial w}{\partial z}\right)^2\right] + \left(\dfrac{\partial u}{\partial y} + \dfrac{\partial v}{\partial x}\right)^2 + \\ \left(\dfrac{\partial u}{\partial z} + \dfrac{\partial w}{\partial x}\right)^2 + \left(\dfrac{\partial v}{\partial z} + \dfrac{\partial w}{\partial y}\right)^2 \end{array} \right\} \cdot \eta_t - \rho\varepsilon$$

$$S_\varepsilon = \left\{ \begin{array}{l} 2\left[\left(\dfrac{\partial u}{\partial x}\right)^2 + \left(\dfrac{\partial v}{\partial y}\right)^2 + \left(\dfrac{\partial w}{\partial z}\right)^2\right] + \left(\dfrac{\partial u}{\partial y} + \dfrac{\partial v}{\partial x}\right)^2 + \\ \left(\dfrac{\partial u}{\partial z} + \dfrac{\partial w}{\partial x}\right)^2 + \left(\dfrac{\partial v}{\partial z} + \dfrac{\partial w}{\partial y}\right)^2 \end{array} \right\} \cdot \dfrac{\varepsilon c_1 \eta_t}{k} - \dfrac{c_2 \rho \varepsilon^2}{k} \quad u、v、w$$

为三个方向的速度分量，η 为分子黏性系数，η_1 为紊流黏性系数，p 为流体压力，c_1、c_2、σ_k、和 σ_ε 为常数，ρ 为空气密度。

(二) 边界条件

(1) 地下风机房壁面均采用无滑移壁面边界条件；

(2) 地下风机房进口设为入口速度边界条件；

(3) 地下风机房出口设为压力出口边界条件；

(4) 轴流风机入口设为流量边界条件；

(5) 轴流风机出口设为速度边界条件。

(三) 控制方程的离散和求解方法

所谓方程的离散，就是要在一个很小的区域内用一些简单函数来近似待求函数在该区域内的导数值和函数值，以得到能用计算机进行计算的代数方程组。

在流动与传热的数值计算中，常用的离散方法有有限元法、有限差分法、有限体积法等。目前，大多数 CFD 方法都采用有限体积法，它是将所计算的区域划分为一系列控制容积，每个控制容积都有一个节点作代表，通过将守恒型的控制方程对控制容积作积分来导出离散方程。

对于离散后所得的代数方程组，需要将边界条件及其他附加条件代入，对紊流动能和耗散率与压力、速度变量进行迭代计算。数值求解过程如下：

（1）初始化，给待求各量赋一初始值。

（2）代入边界约束条件，由现有值求得方程中的各相关系数。

（3）用迭代算法求出下一轮的各变量值。

（4）用求得的值进行校验，判断是否已达到所要求的近似解。

（5）若各值已满足要求，则输出结果，结束计算；否则，转到第（2）步继续下一轮的迭代。

三、轴流风机安装高度对效率的影响

随着轴流风机安装高度的增加，风机的效率也是增加的；当安装高度为2.8m时，风机的效率有所减小，这是由于风机的上缘逐渐靠近隧道拱顶。当风机的安装高度在1.4~2m时，其效率变化幅度不大。

四、并联风机横向间距对效率的影响

随着轴流风机横向间距的增大，风机的效率也是增加的。当并联风机组的横向间距小于4m时，风机的效率是逐渐减小的，这是由于在未设隔墙的情况下，风机运行时其出口气流会相互受到影响，从而降低了风机的效率。随着风机靠近隧道壁面，风机效率也下降较大。当并联风机横向间距在4~8m变化时，风机的效率变化不是很大。

五、轴流风机并联台数对效率的影响

通过对两台功率相同的并联风机和两台功率不同的并联风机分别进行数值模拟，得到在开启一台风机以及开启两台风机时，在不同风量下风机的实际全压，从而分析在不同工况下的并联风机组的相互影响。可以得出结论：随着功率差值比的增大，风机效率下降得较快。当两台并联轴流风机的功率差值比大于一定值时，将导致小功率的风机不能正常运行，这在风机的选型中应给予重视。

六、并联风机中间隔墙对效率的影响

（1）风机在隔墙中间，隔墙长度在30m左右时并联风机的效率最高。

（2）当风机进口端隔墙长度大于10m时，其变化对轴流风机效率的影响

不大。

（3）风机出口端隔墙长度为 15m 时，并联风机效率最高，这是由于较长的隔墙能减小轴流风机在并联运行时其出口气流的相互影响。当风机出口端隔墙长度超过 20m 时，隔墙伸入了渐缩端，影响风机出口气流的充分发展，降低了风机效率。

七、自然风对并联风机放率的影响

（1）并联轴流风机的台数影响风机的效率，随着并联轴流风机台数的增加，风机效率变低；

（2）在自然风与轴流风机气流方向一致时，其轴流风机效率大于自然风与轴流风机气流反向时的效率。

第三节 斜竖井送排风对射流风机的影响

斜（竖）井送排轴流风机运行时，对主隧道提供一定的压力。因此，有必要对主隧道内射流风机的实际情况进行分析，并结合轴流风机的影响情况，对射流风机进行适当优化。

在送排风口附近布置两组四台射流风机，采用拱顶悬挂方式，其中送风口前最近的一组风机布置在距其 200m 处，排风口前最近的一组射流风机布置在距其 150m 处。以此分析送排风道的送排风口影响范围，在此基础上对射流风机的布置进行优化。

（1）送风口送风对主隧道的影响范围。通过相关试验可知从隧道送风口至前方 200m 的范围内，具有较大的湍流强度，从隧道内的湍流强度来看，送风道的影响范围为 200m。因此，为避免送风口对射流风机的影响，应将隧道射流风机布置在离送风口 200m 以外的位置。

（2）排风口排风对主隧道的影响范围。在距离排风口 20m 以内，其静压的增加幅度较大，这是由于受到排风道的影响；随着远离排风道的入口，静压逐渐增大，随后由于沿程摩阻损失，静压逐渐增大直到隧道出口。在距离排风口 20m 以内，风速增加幅度也较大，并在排风口处达到最大值。在距离排风口 20m 以后，隧道内的风速变化逐渐变缓。综上所述，排风道的影响范围应在 20m 以内。因此，在隧道内布置射流风机时，应将射流风机布置在离排风风道 20m 以外的位置。

第五章　GIS 技术在公路领域的应用

第一节　GIS 在公路路线设计中的应用

一、GIS 技术介绍

地理信息系统（Geographic Information System 或 Geo-Information System，GIS）主要针对地理实体研究活动，运用计算机技术等先进技术可以将地理实体进行量化或模型化处理，使其与测量学等量化程度水平更高的现代学科进行紧密连接，并对产生的相关数据资料作出有效结合与分析。

(一) 概念

地理信息系统是一种决策支持系统，它具有信息系统的各种特点。地理信息系统与其他信息系统的区别主要在于其存储和处理的信息是经过地理编码的，地理位置及与该位置有关的地物属性信息成为信息检索的重要组成部分。在地理信息系统中，现实世界被表达成一系列的地理要素和地理现象。

地理信息系统有两种不同角度的定义。一方面，地理信息系统是一门描述、存储、分析和输出空间信息的理论和方法的一门新兴交叉学科；另一方面，地理信息系统是一个以地理空间数据库为基础，采用地理模型分析方法，适时提供多种空间的和动态的地理信息，为地理研究和地理决策服务的计算机技术系统。它主要包括五大功能，即数据采集与编辑、数据处理、数据存储与组织、空间查询与分析、图形与交互显示。

与一般的信息系统相比，一个完整的地理信息系统主要由四个部分组成，即计算机硬件系统、计算机软件系统、地理空间数据和系统管理操作人员。其核心部分是计算机系统（软件和硬件），地理空间数据反映地理信息系统的地理内容，管理人员和用户决定了系统的工作方式和信息表示方式。

(二) 地理信息系统的基本功能

从工具软件角度，地理信息系统的基本功能可分为：数据采集与编辑、数据存储与管理、数据处理和变换、空间分析和统计，产品制作与显示以及二次开发和编程。作为地理信息自动处理与分析系统，GIS 所能解决的核心问题本质上可以分为以下五类：

(1) 位置，即在某个特定的位置有什么的问题。位置可以表示为地方名、邮政编码、地理坐标等。地理信息系统建有空间数据库和属性数据库，很方便进行位置与属性的双向连接与查询。例如，二七塔的地理坐标是多少？邮政编码为 450001 的区域在什么位置？

(2) 条件，即符合某些条件的实体在哪里的问题。GIS 根据地物的空间坐标，依照限制条件进行计算和过滤，从而找到符合条件的地物并输出。

(3) 趋势，即某个地方发生的某个事件及其随时间变化的过程。GIS 可以跟踪某个事件的发生、发展的过程，并预测发展的趋势。

(4) 模式，即某个地方存在的空间实体的分布特征或者规律的问题。模式分析揭示了地理实体之间的空间关系。表现地物的空间分布特征，是 GIS 的固有属性。

(5) 模拟，即某个地方如果具备了某种条件将会发生什么的问题。地理信息系统的模拟是基于模型的分析。GIS 利用丰富的空间数据和属性数据，不但可以对特定的地理现象进行统计分析，而且可以根据其空间分布规律，建立相应的模型，并与地面模型叠加，形象模拟地理现象发生、发展的规律。

首先，通过实地测量 [(包括利用经纬仪 (测角度和距离)、水准仪 (测高低) 和平板仪 (绘图用) 的传统测量、利用全站仪 (测距离、角度和高低) 和电子平板 (一种电脑绘图软件)] 的数字测量技术以及全球定位系统 (Global Positioning System，GPS) 定位技术等摄影测量与遥感或者已有地图扫描矢量化技术等方法，获得客观世界特定区域的空间数据包括地理实体特征点的位置 (坐标) 及其基本属性 (如长度、面积等)，同时通过社会经济统计数据 (如各种统计年鉴等) 以及其他相关的文字及图表等资料，获得该区域的相关非空间数据 (也称属性数据)。其次，把这些空间、非空间原始数据，经过编辑 (改正错误及其他不合理的地方) 和投影变换 (统一坐标系和基准)，按所选数据库类型的要求进行整合及建立空间拓扑关系 (符合客观实际的相关空间关系，比如邻接、连通和包含等)。再次，把这些符合要求的数据存储在数据库中，称为空间数据库。最后，可以通过数据库管理软件和基础地理信息系统平台 (具备通用的基础 GIS 功能)，对空间数据进行检索，查询、分析与可视化，同时可以输出各种地图和图表等。由于空间数据量往往很大，空间数据库的建立与管理是地理信息系统的基础和关键。当然，由于数据库管理软件和基础地理信息平台的功能通常不能满足人们的各种要求，还必须在二者之上进行二次开发，以满足不同用户的特殊需求。这种开发往往需要专业知识与模型的支持。

(三) GIS 应用分析

首先，在进行工程测绘时，该技术能够将测量结果以图片、影像的形式呈现出来，具有很强的直观性。同时，能有效储存数据信息，为后续三维模型的构建提供数据支持。此外，该技术可以完成地质测量任务，获取测量区域的地形地貌、地质结构等数据，帮助后续施工制订出最佳的方案。

其次，该技术在数据处理方面具有显著优势：一方面，可以利用采集的信息构建测量区域的三维模型，之后进一步处理信息，帮助施工人员明确施工要点；另一方面，能对大量数据进行处理，有效解决了以往工程测绘数据处理存在的问题，提高了数据处理的准确性与效率。

最后，该技术具有工程绘图功能，能利用计算机将采集的数据以电子地图的形式呈现出来，也能以图表的形式简化数据处理流程；同时，可将二维图纸转化为三维模型，并能自由进行比例尺的换算，提高工程测绘的质量。

二、公路路线设计遵循原则

公路线路是公路上各种行驶车辆的依存载体，其建设的优良、质量的保障、线路设计的合理等，均对公路线路上的车辆行驶安全产生直接影响。设计人员在对公路线路进行相关设计时，应充分考虑及遵循以下原则：

(一) 定线以曲线为主原则

从驾驶员的驾驶角度来看，长时间行驶在直线范围内驾驶员的视线受到影响会出现驾驶疲劳的问题，极易导致驾驶警惕性降低，增加驾驶事故风险。为了减少这一问题，提倡在公路的路线设计范围内让驾驶员将直线距离控制在合理范围，同时在设计区段选择曲线结合或曲线为主的方式来提升驾驶的警惕性。此外，定线以曲线为主还能够适应不同的山地地形的变化，同时将不同的公路路段情况连接起来，可以保障交通安全性。

(二) 节约和保护耕地资源原则

公路工程的建设是方便人们的生产生活，距离人们的居住地一般较近，很多耕地面积会被占用，相关技术人员要进行合理的设计，避免耕地资源的浪费。尤其是以种植业为主的农民居多，耕地的减少直接影响到国民经济的收入，要实现政府的科学现代化管理，实现便民利民的真正举措，就应从人民实际出发，不破坏人们赖以生存的土地。

(三) 重视平均纵坡的安全性原则

平均纵坡是公路路线设计工作中的一项重要内容，这一项设计直接关系着公路整体安全性。尤其是在山区地区，若地形起伏大，一旦存在长陡坡设计，势必会加剧山区公路行车的安全隐患。出于安全角度考虑，要在公路路线设计中高度重视平均纵坡设计的安全性，在全面把握公路路线设计具体目标基础上，明确公路沿线情况并开展综合分析，有侧重点地设计平均纵坡，有效节约公路建设资源，减少不必要的消耗，并将公路路线设计的安全隐患控制在最小范围内，为公路行车安全创造一个优良环境。

(四) 遵循保护自然环境的原则

公路的路线规划工作需要符合"美丽中国"建设的多个内容，确保生态环境工作的开展有效性。设计时，设计人员需要了解公路选址的特点，对当地的生态环境等情况有一定的了解，同时在此基础上遵循保护自然、尊重自然规律的原则，充分结合现有的地形地貌开展公路建设活动。这种方式可以节约公路建设的施工成本，同时减少对公路造成的破坏和影响，这对后续开展工作都有积极意义。与此同时，设计人员开展工作时也应当避开当地的标志性建筑物、名贵的植物树种等，可以通过合理绕行等方式打造良好的公路设计环境，为公路的合理设计和自然环保等奠定基础。

三、分析 GIS 技术在公路路线设计的实际应用

（一）GIS 在公路选线中的应用

公路的选线工作开展时，需要了解路线的周围环境、水文地质情况和建设实际情况。处理时需要确定不同位置的优缺点情况，了解公路的选址情况，进而开展一些有效的公路路线设计和施工管理工作。从实际的公路选线调查工作开展情况来看，公路的工作人员需要耗费大量的时间来实地测量和现场踏勘，这会耗费大量的时间和精力，处理的成本较高。但是，采用 GIS 技术的效果好，该技术可以针对测量和硬件应用的特点进行分析，联合了系统工程的实际开展情况，实现了科学信息分析等工作。设计人员利用 GIS 技术实现了多元化分析、几何分析和数字地形模型等分析工作，可以实现多个图表的融合，同时在此基础上做好数据研究和分析工作。而且 GIS 技术也能够展开系统辅助路线的选择工作，可以分析地质图、地形图、水文地质情况和气象情况，并合理分析判断系统的操作情况，帮助设计人员形成对公路设计的宏观且全面的认识，最终确定公路选线的效果。

（二）地形分析

地形分析的目的是对地形环境进行认知。按照地形分析复杂程度，可将地形分析大致分成以下两类：第一类为对基本地形因子进行计算；第二类为对复杂地形进行分析。内容包括通视分析、地形特征参数提取、水系特征参数提取等，这些内容都与地形模型直接相关。在不同地形模型中，往往采用不同的分析方法，如以规则格网为基础的地形分析和以 TIN 为基础的地形分析，以及以等高线为基础的地形分析，无论是数据处理还是算法都完全不同。

（三）三维分析

三维信息实际上是二维信息不断向立体的扩展，人们肉眼能够看到的地形和建筑，实际上都属于三维，是对现实世界最直观和准确的体现。在测

绘过程中，地形图纸只是一个简单的平面，无法直观表达出真实世界对应的三维景观，只可以在测绘图上进行间接表达。如用等高线对地形起伏进行描述，用层数表达建筑高度。而采用 GIS 后，能提供两种专用的模型用于描述三维信息，分别为数字地形模型和数字高程模型。其中，前者是对范围内地理空间数据进行描述的基本方法，可以为地理空间分析提供可靠的基础数据；后者是建立不同地形模型的重要基础，根据数字高程模型能方便地获取地表上所有特征参数，其实际应用目前已经遍布整个地学领域。

(四) 在平面设计方面的应用

普遍来讲呢，公路的路线设计一般会由较缓和的曲线或圆曲线与直线三种组成。因此，平面设计的工作人员就会利用超高率、横向力与规划车速相结合的方法计算出平面设计工作所需的圆曲线半径。超高率与横向力与半径的关系呈负线性结构，所以在条件较优的情况下，工作人员一般会选用较大的曲线来进行平面设计；但如果条件实在不允许，也还是会使用较小半径的圆曲线。公路设计中大规模的直线与半径较大的圆曲线，可以使驾驶员减少疲劳，降低事故发生概率。而在直线与圆曲线中加入较缓的曲线的意义就在于可以调整机动车的重心轨迹，使得直线过渡到曲线，进而也可加强驾驶员的判断力与集中力，进而保证车辆的通行安全。当然，由于实际设计工作中遇到的地形或标志性建筑的阻碍或影响，工作人员必须作出适当调整，通过改变路线、绕过阻碍物等方式，减轻地形与建筑队公路的影响。上述工作都需要利用 GIS 技术辅助配合使用。

(五) 在横断面设计方面的应用

设计工作者进行横断面设计时，会将横向公里进行截面绘制，再结合司机情况进行结构性断面设计，进而保证公路边沟、边坡、路基的长度、高度、深度适宜公路的整体布局。就整体的公路设计工作来看，横截面设计的工作较为复杂，耗时相对较长，需要工作人员对数据进行反复勘测绘制。这时，利用 GIS 技术进行辅助勘测汇总、参与设计，就能极大地提高公路横截面设计的精准度与设计效率。其工作的原理是，将横截面的有关数据通过数字的方式输入到计算机中，再利用 GIS 技术中国的数据自动核算技术将平面及纵面设计汇入三维立体模型中。工作人员即可通过对各路段的模拟图与其他设计情况进行横断面的设计处理与计算分析。并且计算机会保留每一步的数据汇入过程、计算过程与修改过程，以便后期的修改与处理。

第二节　GIS 技术在隧道通风中的应用

一、概述

GIS 主要由软件系统、硬件系统、空间数据库、应用人员和应用模型等组成，可以满足海量地理空间数据信息采集、存储、计算、分析、处理和挖掘的需求。其中，硬件系统用以存储、处理、传输和显示所需要的地理空间数据信息；软件系统是 GIS 中的核心环节，用来执行相关功能操作，如数据的输入与处理、空间数据库的管理等；空间数据库中则存储着空间信息和属性信息，二者均为 GIS 的操作对象。

实现隧道通风智能化、自动化控制即实现系统对需要进行控制的通风区间所处位置的自动判断，以实现精准控制。而 GIS 技术的应用，可以将隧道结构信息和温、湿度传感器的坐标信息标识在该系统中实现定位，在温、湿度传感器获取空气状态参数的同时，同步获取地理位置信息，以便于实现对隧道通风控制对象的智能识别。

基于物联网和 GIS 技术，搭建温、湿度数据与空间位置信息的一体化模型，智能、自动地获取空气状态参数和地理信息参数，精准定位控制对象，进而执行对控制需求的决策，实现综合舱通风问题的智能精准控制。

二、GIS 技术在隧道通风中的设计应用

(一) 感知平台

感知平台可视为综合舱通风智能控制的末梢节点，由各类信息化感知工具组成，是实现各个需求数据信息自动获取、进风状态参数智能控制的首要环节。

感知平台采集的主要数据及其采集方式，包括以下两个部分：

1. 空气状态参数

主要包括廊内空气的温度初始值、相对湿度初始值和外界新风的温度值、相对湿度值（均可以通过温、湿度传感器获取），是判断通风需求和确定进风状态需求的基础。温、湿度监测技术目前已经较为成熟，可以满足隧道的实际监测需求。

2. 地理空间信息

主要包括监测点和通风区间的位置信息，利用 GIS 技术可以实现对需求的地理空间信息的采集和存储。将所有通风区间的位置信息存储在空间数据库中，在利用温、湿度传感器感知空气状态参数的同时，同步获取相应监测点的位置信息，建立空气状态参数与空间位置之间的关联，实现温、湿度数据与地理位置信息的一体化，进而实现地图式的监测数据可视化管理。

（二）传输平台

传输平台可视为综合舱通风智能控制的神经中枢网络，是将感知平台实时感知的空气状态参数、地理空间信息等接入并传输至支撑平台的纽带。由接入网和传输网组成，其中，接入网实现接入数据信息的功能，而传输网实现传输数据信息的功能。传输平台中涉及的网络技术可以分为有线网络、无线网络和其他网络，应用中以无线网络为主。

（三）支撑平台

支撑平台是综合舱通风智能控制的基础应用平台，主要执行对工况性质和基础控制需求的分析判断、对进风状态参数控制的决策。

（1）支撑平台在集成感知平台和传输平台的基础上，获取感知的地理空间信息和空气状态参数（包括廊内空气温度初始值、相对湿度初始值和外界新风的温度值、相对湿度值）。

（2）通过对地理空间信息的处理，实现控制对象与所在区间段位置信息的匹配，实现精准定位，智能识别控制对象。

（3）同步执行进风状态参数控制流程，依次利用需求判断模型（包括工况性质分析和基础需求判断两个步骤）、进风状态参数控制器，结合支撑平台对舱室几何参数信息、目标函数权重系数的初始化设置，自动完成综合舱通风控制指令的实时分析与决策。

（4）在支撑平台中，将分析、决策的结果与识别的控制对象进行匹配，确定针对某具体控制对象的控制指令，并传输至服务平台。

（四）服务平台

服务平台是综合舱通风智能控制的最终服务对象，主要由执行子平台和反馈子平台两个部分组成。

1. 执行子平台

执行子平台主要依据支撑平台输出的决策结果实施控制指令，并实现过程信息的存储。存储的过程信息主要包括：

（1）感知信息。通过智能温、湿度传感器自动对廊内外的温、湿度数据进行采集；通过 GIS 系统感知所处通风区间，进而自动获取区间舱室几何参数信息（通风分区长度、断面宽高比）。

（2）过程控制信息。控制过程中，自动记录基础通风需求（通风换气次数）、进风状态控制目标参数（进风温、湿度数据）。

（3）控制结果信息。通过记录控制初始时刻信息和控制完成时刻信息得到实际的换气时间。

通过相应的设备对过程信息进行感知、采集与处理后，可以自动完成数据的记录，并写进 Excel 表格中，进而实现过程信息的自动化存储。

2. 反馈子平台

反馈子平台通过分析执行子平台存储的过程信息，对控制结果（如廊内空气状态参数是否在合理范围内等）进行反馈，同时根据通风有效时长预测模型的误差指标，判断是否存在对预测模型进行更新修正的需求。当某时刻控制下的换气时间误差超过 5% 时，利用该时刻的过程信息对预测模型的变量数据进行更新，进而修正预测模型以提高进风状态参数控制器的优化精度。

第三节　区域公路交通网络系统的 GIS 技术研究

一、区域公路交通地理信息系统的数据结构

(一) 区域公路交通地理信息系统的数据特性

目前，大多数 GIS 系统通常同时支持栅格模型和矢量模型，但应根据公路网的特征，合理设计适合于公路网管理的数据组织方法。公路网数据库与一般的管理信息系统数据库相比，具有自己的特性：

(1) 空间特性：公路是分布于地球表面的空间实体，与其地理位置和地理环境密切相关。因此，公路网数据库应是包含描述空间位置及其拓扑关系的空间数据库。

(2) 网络多重性：公路网络由多条线路组成。公路网络与一般网络不同的是它具有多重性，既有由不同技术等级道路组成的物理网络的存在，又有对应于根据行政等级划分的逻辑网络，同一弧段是多个网络的组成部分，具有一对多的关系，这就要求对应与公路网络的地理信息系统数据模型能够描述这种一对多的多重网络关系。

(3) 线性参照系统：由于公路网空间分布的连续性，如用离散的形式 (分路段) 对公路属性进行描述，必须有一个参照系统。根据目前国内公路管理的特点，可采用里程桩与地理坐标定位相结合的线性参照系统 (Line Reference System，LRS)，并建立大地坐标系与里程桩系统的对应关系。

(4) 公路网相关属性描述的动态性：根据公路网的管理特性，公路网及相关状况属性数据在空间和时间上沿线路动态随机分布。而一般的弧段—节点数据模型不能描述公路网络动态变化的属性，因此需引入动态分段的方法来建立公路网络空间数据库，即通过线性参照系建立里程桩与地理坐标的转换关系。属性所对应的分段不再是实际意义上的弧段，而只是在对属性进行显示、分析、查询及输出时才根据线性参照系统动态地计算出属性数据对应分段的空间位置。

(二) 区域公路交通网络的 GIS 数据

1. 数据分类

公路地理信息系统中的数据可以分为两大部分: 基础地理数据和公路专题数据。

(1) 基础地理数据。在公路地理信息系统研究中, 基础地理数据主要包括如下几个方面:

①地形与地貌数据。主要影响线路的走向、坡度, 线路的工程造价等。以矢量数据形式表示时, 主要以等高线或高程点表示。对于干线公路或县乡村公路, 其交通区位线一般与地形的主要走向一致。如 G107 在河南境内基本上沿太行山、伏牛山东麓的山前冲积扇延伸, 并在桐柏山、大别山的山文线的垭口处进入湖北的江汉平原。

②居民地。居民地根据其所在区域的地缘特征、经济地位的不同, 依其重要度, 构成了公路交通网络中重要度不同的各级网络节点; 因为公路网络的层次和功能的不同, 居民地和公路交通网络的空间关系上是有差别的。对于具有过境功能的干线公路, 在主要居民地、公路的主要控制点一般都是绕城而过; 而对于县乡村公路, 主要是具有集散功能, 因而和居民地、主要控制点都是拓扑相交的。

③河流。河流依据其宽度、流量等的不同, 对公路线路的走向、距离产生不同的影响, 同时影响到桥梁等线路构造物的造价。一般来说, 公路线路的走向与河流的走向保持一致, 当主要的居民地在河流的沿岸呈交错分布时, 或河流沿岸的地形对公路线路走向的工程量有较大影响时, 才用桥梁连接穿河而过。

根据交通部公路定位规则的要求, 公路参照系统选用的基本信息交换用地图 (包括数字化图和纸图) 有三种: 直辖市、省会等大城市及地级市交换用图基本底图为 1∶50000 (自用可选 1∶10000 ~ 1∶100000 系列) 比例尺地形图; 省级交换用图为 1∶250000 (西北地区自用可选 1∶500000) 比例尺地形图; 国家与交通行业交换用图为 1∶1000000 (部级自用可选 1∶2500000 ~ 1∶5000000 系列) 比例尺地形图。

(2) 公路交通专题数据。公路交通地理信息系统的专题数据主要包括公路线路及其构造物，如桥梁、隧道、道班、收费站、服务区等。

（3）遥感影像数据。相对于其他地理环境要素，公路交通网络变化较快，如何及时反映与更新变化了的公路交通信息，是区域公路交通网络技术研究的一个重要课题。运用遥感影像获取区域公路线路数据是一个重要途径，这样获取的数据及时、准确、成本低廉，随着栅格数据管理与分析技术的进步，杨格数据能够比矢量数据更好地进行网络分析与量算。

2. 数据组织

（1）公路基础地理信息数据的组织。矢量数据模型是目前 GIS 领域应用最广泛、与传统地图表达最为接近的空间数据模型。矢量数据模型采用相当于线条的表达方式，即用点、线、多边形（闭合的线）来刻画所关注的空间对象的轮廓、空间位置及其几何关系，同时组织好属性数据，以便与空间特征数据共同描述地理事物及其相互联系。

在矢量数据模型的基础上，本章引入多源数据的概念。多源数据是指不同数据格式、多种分辨率、多种数据来源、多图层、多图幅的空间数据。经过处理后的多源数据，为保证不同来源地图数据拼接的科学性、严密性，不管原始数据采取何种坐标系，均转换成统一的坐标系。同时，多源数据的具体数据结构也必须统一，但保留各自的要素层组织及属性数据字段定义。

①数据格式。多源空间数据具有明显的特点，主要表现在多语义性、多时空性、多尺度及存储格式多样性等几个方面。这里以存储格式多样性来区别不同的数据源，所以数据格式定义为：凡是具有相同图层组成，且数据结构相同的数据源，被认为是同一种数据格式。不同的数据格式，所采用的数据模型也不同，所包含的数据图层不同。另外，即使是同一数据模型，如果图层不同或图层的属性结构不同，也认为是不同的数据格式。一个数据格式由多个图层、多个分辨率所组成。

②分辨率。分辨率指的是地图原始数据比例尺。地图比例尺就是地图上的尺寸与它所表达的实际尺寸之间的比率。这种比率只是传统制图中所理解的"比例尺"。但在 GIS 中，比例尺的概念发生了一定的变化，它使多比例尺的表达有了可能，空间数据库可以包含很多种不同比例尺的地图，此时的比例尺反映的是空间抽象的程度、空间数据库的数据精度和质量，另外又容易与显示比例尺（视野）混淆，因此数字环境下的"比例尺"用"空间分

辨率"来代替最好不过。GIS 用户遇到的地图分辨率大部分是标准系列比例尺地图数据，而有些地图我们无法确认它的准确比例尺，一般以"unknown"（未知）代替。

③图幅。在传统的地图制图领域中，为了编图、印刷、保管和使用的方便，必须对地图进行分幅和编号。分幅是指用图廓线分割制图区域，其图廓线圈定的范围成为单独图幅，图幅之间沿图廓线相互拼接。通常有矩形分幅和经纬线分幅两种分幅形式。挂图、地图集中的地图多用矩形分幅，而地形图、大区域的分幅地图多用经纬线分幅。图幅编号是每个图幅的数码标记，它们具有系统性、逻辑性和不重复性。对于基本比例尺地形图，图幅编号是按照国家有关标准严格制定的，我国地形图现在用的标准就是《国家基本比例尺地形图分幅和编号》（GB/T 13989-2012），基本比例尺纸质地图的数字产品的图名就是它们的地图编号。对于非基本比例尺地图，图名可以是任一个有意义的名称，如××市交通图。

④图层及图层描述。图层在这里有两个含义：一是多源数据模型树状文件组织的一个树叶，具体管理某幅图下的分层数据；二是指图层描述，它由类别数组、用户属性结构定义及图层导入条件组成。图层描述是核心数据结构，不但在多源数据的管理可视化中起到重要作用，而且影响着外部数据源的导入效果。

a. 图层描述。图层描述包括图层名、图层是否实现、图层包含的类别描述数组、用户自定义字段信息、图层导入条件。

b. 类别描述。类别是对图层的进一步细分，类似于 GeoDatabase 的"子类"及 GeoStar 的"地物类"概念。图层由多个类别组成，不同的组合条件可能会得到不同的类别组。类别的建立主要是为了方便设置符号，同一图层下可能包含不同分辨率的数据，但不同分辨率的数据所属同一个图层，因此每个类别包含多级分辨率的显示控制。地图要素本身包含的信息是有限的，进行图上查询的时候，需要获取额外的用户信息，且用户信息分布在不同的数据库中，因此类别必须被设计成可关联多个数据库、表、字段。如一段道路，它包含两类信息：一是该路段的路况资料；二是该路段所属的整条路的宏观信息。

⑤用户自定义字段信息。获取用户属性的字段值，必须知道用户的字

段定义：字段名、字段类型（字符、字符串、长整形、短整形、浮点型、双精度型）、字段大小、当前字段在整个属性字段组中的偏移量。

（1）公路专题数据的组织

①数据组织。对于公路地理信息数据，线路是核心，在对公路地理信息进行数据组织时，以线路为中心，同时组织线路上的构造物。为了实现对公路线路及其构造物的管理，将公路线路及构造物的地图数据以文件的形式单独存放，属性数据则存放在外部数据库如 ORACLE、SQL-SERVER、SYB-ASE 及桌面数据库系统 Access、FoxPro 中，所有的数据通过关键字段——路段编号连接。系统同时通过在外部数据库中提供的多媒体指针实现多媒体数据的管理，包括文字、图片、声音、录像等。

②公路交通数据的编码。

a. 线路编码的规则。如前所述，路段是公路线路的基本单元，而线路的建设、管理与养护则是要由行政区域的公路管理机构来进行的。因此，路段编码规则为线路代码+行政区划代码+路段编号；由于公路管理的基层单位为县级的公路管理局，因而这里行政区划代码为县级的行政区划代码，如 G107 郑新双泊河大桥段的编码为 G107410184001，即线路代码（G107）+行政区划代码（新郑市 410184）+路段编号（001），这样可以保证线路路段编码在全国范围内的唯一性，从而可以实现与地图数据及线路构造物如桥梁、隧道的关联。

b. 线路构造物编码的规则。线路的构造物包括桥梁、隧道、道班、收费站、服务区等。这里以桥梁、隧道为例，说明线路构造物的编码规则。

对于桥梁，以桥梁名称为主码。为了保证桥梁的唯一性，把桥梁归到线路的路段。如果为大型桥梁，则可将桥梁单独分为一个路段，同时以桥梁名称+桥梁所在的路段编号为关键字段，从而可以实现与地图数据中的桥梁一一对应，以桥梁所在的路段编号来实现线路属性数据与桥梁属性数据的关联。

对于隧道，则以隧道名称为主码。为了保证隧道的唯一性，把隧道归到线路的路段。如果为大型隧道，则可将隧道单独分为一个路段，同时以隧道名称+隧道所在的路段编号为关键字段，从而可以实现与地图数据中的隧道一一对应，以隧道所在的路段编号来实现线路属性数据与隧道属性数据的关联。

(三) 公路线性参照系统

对于公路交通网络系统，除了利用 GIS 中的地理坐标进行定位描述，还要运用公路线性参照系统进行描述。

1. 描述公路线性参照系统的几个指标

(1) 公路参照系统：公路参照系统指建立于国家大地坐标系统之上，综合描述公路路线、构筑物、沿线设施、特征点等空间位置与变化状态的定位系统。该系统规定了统一的定位规则、参照方法、对照转换办法和数学模型，能够系统地记录和描述公路网络上各种点、线、面的准确空间位置，并建立起公路沿线里程桩系统、国家大地坐标系统和 WGS-84 坐标系统之间的对照与转换关系。

(2) 公路定位基准点：指国家大地测量控制点，或由其引测而设置的具有高精度要求的固定点。

(3) 公路主要控制点：指控制路线走向和路网节点空间分布状况，建立于公路起讫点、交汇点并途经主要城镇和位于省、国界线上的具有一定准确度要求的固定点。

(4) 公路参照点：指公路主管部门选定的、在主要控制点基础上加密增设、描述公路主要构筑物和特征点位置的固定点。

(5) 公路里程桩：指公路路线上由起点至终点，沿每千米等长顺序设置的、标识农村和城镇郊区公路里程与编号的碑石群，用以计算路线或路段长度和标注公路上某一地点的沿线位置。

2. 公路线性参照系统与地理坐标系的相互转换

(1) 经纬度与高斯平面直角坐标的转换。大地经纬度与高斯平面直角坐标的转换按大地测量学的有关数学公式建立关系与换算。

(2) 里程桩与经纬度或直角坐标的关系。公路的里程桩号应与实地地物的大地经纬度或高斯平面直角坐标及高程建立一一对应关系。这些里程桩号指公路参照系统中公路主要控制点、参照点和其他重要特征点的沿线里程；同时还应与计算机内、地图上的标识和坐标建立一一对应关系。

(3) 公路实际里程与图上里程的转换。公路实际里程数据与地图上相应公路的矢量线段按三种交换用图比例尺的不同精度建立对应换算关系，通过公式进行换算。

（4）国家大地坐标系与 WGS-84 坐标系之间的转换。

以国家大地坐标系为基础的公路参照系统与 WGS-84 坐标系之间的数据转换，应按国家测绘局规定的转换参数及其数学公式进行换算。用 GPS 测量数据时，引测的起始点（基准点）如采用国家大地坐标系坐标，待测的定位控制点则由此直接测得相应大地坐标，否则亦须换算。

二、公路交通地理信息系统的关键技术研究

区域公路交通网络是随着区域经济、社会的发展逐步产生和发展起来的，区域公路网络作为区域地理环境的重要基础设施又反过来促进了区域的发展。因此，GIS 技术、RS（Remote Sensing）技术、GPS 技术无疑是研究区域公路交通网络的技术基础。在"3S"技术体系中，RS、GPS 技术是获取区域公路交通网络数据的手段，而 GIS 技术才是进行数据管理、显示、分析的手段和方法。本节将结合河南公路交通地理信息系统的研制工作，探讨区域公路交通地理信息系统中的关键技术。

（一）动态分段技术

1. 概述

在区域公路交通网络分析中，一般将道路抽象为道路中心线，建立道路拓扑。近年来，公路建设日新月异，公路网络表现日益复杂，不同的道路不仅有行政等级的差别，也有技术等级的差别，相互之间又有交叉的现象，如国道中有高速，省道中也有高速；不同级别的道路，路面宽度也不尽相同；不同等级公路的交叉不仅是平面相交，也有立体相交等多种情形。于志文、叶圣涛基于超图理论建立了基于道路中线和车道数的交通网络模型，比较适合城市交通网络分析。对于公路线路来说，特别是国道、省道以下的公路，公路上各类车辆、行人都是混行的，基于车道数建立的交通网络模型并不实用。为了适应区域公路网络分析的需要，本节在研究公路分段的基础上，试图提出基于道路行政等级、技术等级、路面性质变化的公路动态分段的含义、数据结构及方法。

2. 公路网络动态分段的含义

传统 GIS 中的拓扑关系是基于节点—弧段结构的，在建立描述所有弧段空间位置的空间数据库的同时，建立了描述这些弧段非空间信息的属性数据库。对于空间数据库中的每条弧段，属性数据库中至少存在一条记录与它对应，也就是说弧段是建立线性特征的属性数据库的基本单位，同一弧段上的所有位置都具有相同的属性特征。此种模型只能处理一个固定属性的数据集，即与拓扑分段一致的数据集。若公路只有单一属性或所有属性变化的里程桩是一致的，则此模型适于表达。然而，公路的属性数据具有多重性，各个属性数据集对应的路段变化是非常复杂的。解决这一问题，传统 GIS 有两种方法：等长分段法和变长分段法，即将路段物理打碎成足够小的小段，以保证在每一小段内其对应的属性数据是不变的。但这两种办法都是有缺陷的，工作量和数据量巨大而且容易失真。为此，美国威斯康星州交通厅戴维·弗莱特提出了动态分段（Dynamic Segmentation）的思想：动态分段是对现实世界中的线性特征及其相关属性进行抽象描述的数据模型和计算手段，它可以根据不同的属性，按照某种度量标准对线性要素进行相对位置的划分，而对同一个线要素，可以根据不同的度量标准得到不同的相对位置划分方案。动态分段的思想为相对定位、动态分段的线性特征以及相关的操作提供了重要的理论基础。

3. 公路线路动态分段的原则

线路管理的基本单元为路段，所谓路段是指线路中性质基本一致的地段。为了实现对公路线路的有效管理，需要对线路进行动态分段，从而尽可能保持路段内的性质基本一致。动态分段的基本规则为：①行政区域发生变化；②技术等级发生变化；③路面等级发生变化；④路基宽度发生变化；⑤路面宽度发生变化；⑥管养单位发生变化；⑦独立的公路桥梁、隧道；⑧重复路段、穿越城市路段、断头路。

4. 动态分段的数据模型

（1）动态分段的建模分析。传统的交通网络数据模型是用点——弧段模型表示的。对于交通线路来说，最基本的单元为路段，在路段内部，其基本属性是一致的。但是，随着公路建设的发展，路段的属性在发生着不断的变化，特别是原来依据以上路段划分原则划分的路段，可能因为道路的升级，路段的拓宽等原因发生变化，使原来属性一致的路段变得不一致，而原来不一致的路段则因为属性可能变得完全一样要进行合并，而原有的道路的位置与走向可能并没有发生变化。此时，为了实现对道路进行动态管理，必须建立动态分段模型。

（2）动态分段的数据特征。根据前面的分析，为了满足动态分段的需要，在构建公路交通网络模型时，要表明线路的如下特征：

①线路的位置特征。对道路中心线进行抽象，表明线路的位置与走向特征。

②路段编码。路段的编码规则在前面已经阐述，路段编码具有唯一性，为数据库的关键字段。

③弧段的起始桩号、终止桩号。路段编码中，前四位为线路编号信息，从线路编号中可以确定线路的桩号信息。线路的桩号是度量线路线性位置信息的，是在区域经过工程实测并经有关部门批准的，具有相对的稳定性。如果线路的部分路段经过改建，局部改弯道或取直，当还没有经过校核、传递、批准时，要有附属信息——长链、短链信息，要标明该弧段从属的线路的名称。

④其他特征。路段的行政等级、技术等级，路面性质，路基宽度，路面宽度，管养单位、重复路段、断头路等。

5. 动态分段的实现

当道路的路段的某一属性发生变化，比如，道路升级、路面宽度发生变化时，路段的动态分段有如下四种情况：

（1）本路段被分成若干段。此时，在路段模型中将属性发生变化的起点桩号、终点桩号进行修改。

（2）两个或多个路段进行合并。由于道路改建、扩建等原因，原来性质不同的两个或多个路段合并为一个路段。此为第一种情况的逆过程。

（3）两个路段或多个路段中从路段的中间部分进行重新分段。此时路段需要重新进行合并与分解。

（4）道路加长或缩短。干线公路在经过一些重要的居民地时，为了加快通过的速度需要绕行，此时道路需要裁直走弯，道路加长；当遇到地形对道路通行安全产生影响时，对道路进行裁弯取直，道路长度变短。这样，在道路的里程桩号还没有发生变动的情况下，道路的实际距离发生了变化。此时，在动态分段模型中用长链、短链记录加长或缩短的距离。

(二) 查询技术

公路交通信息的查询与统计是系统的基本功能之一，系统设置的查询与统计主要是通过图导向和输入数据库属性两种方式进行的。

1. 图导向方式

地图数据是分层存放的，对地图数据的查询一般是对某一层的查询。在河南公路交通 GIS 中，查询针对的图层是线路、桥梁、隧道等。查询可以采用鼠标点击、区域查询等方式。标准数据将地理实体抽象为点、线、面，并赋予点、线、面一定的编码属性，如主码、识别码、描述码和参数码等，使点、线、面可以表示客观存在的地理实体。

2. 属性数据访问

（1）对 Oracle、SQL-SERVER 等大型数据库的访问。对 Oracle、SQL-SERVER 服务器数据库访问有多种方式：ODBC、DAO、OLE、DB、ADO 和 Oracle、SQL-SERVER 提供的访问接口。Oracle、SQL-SERVER 提供的访问接口直接与通信接口联系，但可移植性差，在异构数据库中就无移植性可言。ODBC、DAO、ADO 作为访问数据库的统一界面标准，是应用程序和数据库系统之间的中间件。它们通过使用相应应用平台上和所需数据库对应的驱动程序与应用程序的交互来实现对数据库的操作，避免了在应用程序中直接调用与数据库相关的操作，从而提供了数据库的独立性。

（2）对桌面数据库的访问

①对数据库访问的方式。对于桌面数据库的访问，采用主流的数据库访问技术 ADO。ADO 是 Microsoft 为最新和最强大的数据访问范例，是一个便于使用的应用程序层接口。ADO 最主要的优点是易于使用、速度快、内存支出少。ADO 在关键的应用方案中使用最少的网络流量，并且在前端和数据源之间使用最少的层数，所有这些都是为了提供轻量、高性能的接口。

②SQL 语句的设置。按数据库属性的查询与统计，对于系统，有不同的查询与统计方式，系统在设计与处理上采用了不同的方式。

(三) 显示技术

1. 公路地理信息系统中的制图综合技术

公路交通地理信息系统一般涉及的区域面积比较大，作为面向公路交通地理信息应用的基础地形图数据，必然有一个要素的取舍问题。同时，在不同分辨率下，也需要对地图要素进行制图综合。

(1) 点状地物的综合。点状地物的综合，主要是指对居民地的综合，包括居民地的选取、居民地的平面图形向圈形符号转换、居民地平面图形化简等项内容。居民地的自动选取包括两项工作：计算选取定额；实施结构选取。选取定额，即图上单位面积内的选取数量，应能使图上达到既清晰又详细的要求，系统内定额选取采取经验值，经多次试验后获得。对于居民地的结构选取而言，采用定额模型和按居民地等级选取组合模型，逐级累加选取。定额模型限定图上单位面积内的选取数量，居民地的等级在地图数据库中通过属性编码来区分。采用此法实施居民地的结构选取，对于"必取等级"和"必舍等级"都是容易实现的，而唯独难以实现从某个等级的居民地中选取一部分，而必须辅之以一些特殊的算法。在设计时，我们采取了"虚拟浮动圆"法，它是以各待取点的定位点为"圆心"套上一个虚拟的圆，这种圆随待取点定位点而浮动。正确选定虚拟浮动圆的半径是十分重要的，它实际上就是圆上两相邻居民地间的最小距离。根据实验，这个值在计算机屏幕上大概是 40 个像素。

(2) 线状地物的综合。在早期的地理信息系统软件中，矢量图显示没有做制图综合，所以当地图以小比例尺显示时，速度既慢，图面效果又差，等高线甚至变成了粗锯齿状，因此必须采取综合技术。关于曲线化简的算法比较多，一般可采用 Douglas-Peucker 算法，它是整体化简算法，在化简的过程中完整地考虑了整条线画。该算法的基本思路是：将线划上的第一点作为固定点，最后一点作为浮动点，这两点确定一条直线。计算线画上所有中间点到直线的距离，将其中距离最大者与事先给定的阈值进行比较，如果最大距离小于给定的阈值，则所有中间点均舍去；若最大距离大于给定的阈值，那么线画上具有最大距离的点成为新的浮动点。事实证明，该算法对综合等高线、道路等线状要素，压缩比高，效果又好。

(3) 道路的拓扑重建。矢量地图数据的采集最初目的主要是针对制图的，虽然也考虑了分析用途，但很有限，对于道路网来说，当道路经过居民地时，虽然有些图幅数字化添上了内部道路（街道），但大部分道路在此处都是断的，成了"断头路"，这对最佳路径的查询构成了严重的障碍，有必要把这些断头路接起来。

在实际应用中，还要考虑一些特殊情况，如要防止道路的"自连接"（连到另一端点）、折回头连接（角度大于90°）；要考虑十字路口、三岔路口的特殊连接算法，考虑到相邻图幅道路的拼接，对图幅边缘的"悬挂"点要采取更严格的匹配措施，距离阈值要小一些，以尽量保持这些点的"悬挂"特点，以备图幅拼接时用。

2. 公路交通地理信息的显示

在公路交通地理信息系统的实际应用中，一般很少出现只使用单幅地图的情况，除非用图区域恰好在一幅图之内。而实际情况经常是，人们常常把几幅或几十幅图拼接在一起显示，作为作业的背景图。把几十甚至几百幅图（几十个 GB 的数据量）无缝、动态、高速、美观地拼接在一起实时显示出来，涉及的技术问题很多。很多在显示单幅图时不明显的问题，这时会变得很严重。如内存容量、显示时间、显示效果等，这就需要采用特殊的技术手段进行处理。

（1）多级网格索引技术。多级网格索引可以把全局搜索变为局部搜索，以提高访问数据的效率，是实现全区域漫游、无级缩放和快速查询的基础。多级网格索引主要是针对空间矢量地图数据而言的，因为全区域或大范围显示时主要采用的是地图数据，影像图（包括遥感影像）数据是在以地图为位置索引的基础上来显示小范围或局部的地理信息的。

由于地图要符号化，为了保证符号的连续性和完整性，每个对象必须全部重画，而不能每次只画局部，这样就会出现同一个对象重画多次。特别是很长的线状对象和很大的面状对象。因此，在读数据时，数据网格越小效率越高（在一定的范围内），而显示时则不然，数据网格越大效率越高。但数据网格大了，每画一块需要的时间就长了，会有迟滞感，因此每次显示的数据网格也不能太大，以每画一块的时间不超过 0.4s 为限，在此限度内越大越好。

（2）R 树索引机制。R 树索引机制，不是指为了提高数据的检索速度，主要是用于地图图幅之间的索引。这是采用地图图名树。所谓地图图名树，其实就是多级系列地图与非标准地图的嵌套层次关系的管理系统。建地图图名树的主要原因是大量地图数据检索的需要。一般情况下，当显示某一地域的地图时，在这个地域有多种格式的数据，且种类多样、图幅数众多，在如此庞杂的数据当中，系统要能快速检索到合适的地图格式、地图种类及涉及的图幅，没有一个高效的地图图名树，是不可能实现的。

（3）"分块"算法。在传统的地图显示中，显示地图，一般是按图元逐个要素显示，这种方法没有对图元进行选择，所以更新显示必须对文件完全遍历一遍，而且不论地图比例尺如何，显示的范围大小如何，都要对所有数据完全处理一遍，在时间上的耗费是惊人的。对于大量地图数据，漫游、放大、缩小等特殊显示功能实现起来就非常困难。这就要采用分块显示。

分块显示首先，把整个图幅分成若干块，比如 100×100 或 64×64，地图的显示速度跟块数有关，数目的大小分配跟图幅的地形要素特征有关。为了统一起见，依据经验值分为 64×64 块。

其次，把该图幅的每一个图元根据坐标按照所属的块对号入座，一个图元可能要跨好多个块。对一个图元分块一般有两种方法：一种方法是物理分法，实实在在地把一个记录分成若干个记录，每个子记录都是一个独立的新图元，这种分法的优点是简单，但缺点也很明显，把一个完整的图元割裂开，这样的数据其他模块就没法再用了；另一种方法是逻辑分法，只建立系列索引，而这些图元还保持原来的完整状态不变，图元原来的一些信息（包括拓扑关系）都没有被破坏。

最后，显示的时候，有两种情况：第一种情况是当需要显示所有数据的时候，显示方法与传统方法类似，索引文件可以不用；第二种情况是只需要显示局部数据时，则要找出相应区域的"块"，在这些块的索引文件中，再找出具体图元数据在文件中的位置，读起来显示即可。当进行局部显示时，第一步，确定要显示的块，然后从块索引文件中查到这些块在块信息文件中的位置。第二步，以块信息文件中查找每个块中的每个图元的整体或局部在属性文件中的位置，再进行属性信息和坐标信息的组合，然后根据图元的特点进行相应的显示。漫游、放大、缩小等特殊显示方式的重点也就是确定当前要显示的块，确定比例尺。

(四) 三维地形显示技术

1. 概述

三维地形显示是公路地理信息系统可视化的重要表达方式。而三维地形分析大多是在数字高程模型（Digital Elevation Model，DEM）的基础上进行的，当用气压、气温、区域经济产值等代替高程时，就形成了各种地理要素的数字模型。因此，探讨 DEM 对于区域地理景观具有十分重要的意义。数字高程模型（DEM）是地形特征数字化的结果，以数字形式反映地表特征。它是表示地形空间分布的一个有限三维向量序列 (x、y、z)，其中 x，y 表示地形点的平面位置，z 表示高程，它以离散分布在平面点上的高程来模拟连续分布的地形表面。DEM 按空间结构形式主要有三种：等高线 DEM、TIN DEM 及格网 DEM。在地图学中，等高线 DEM 是表示高程的基本方法。一般是将地形图上的等高线直接数字化。主要的方法有解析摄影测量、扫描矢量化等方法直接生成。不规则三角形格网（Triangulated Irregular Network，TIN DEM）即不规则三角网 DEM，它是基于地理空间的不规则分布，因而在平面上投影的三角形的顶点也是不规则的。同时，它是所研究区域的一个无重叠的覆盖，各三角形按一定的规则形成且服从于构网的目的。TIN 结构是按 Delaunay 三角网规则生成的，即任一三角形外接圆内不包含其他点。TIN DEM 可以通过构造 Delaunay 三角网规则构造。格网 DEM（Grid DEM）是指间距分别为 DX 和 DY 的矩形格网在二维平面上的正投影。格网 DEM 一般是在 TIN DEM 或等高线 DEM 的基础上生成的。格网 DEM 的数据结构简单，因格网高程是原始采样点的派生值，一般通过整体内插、分块内插和逐点内插等方法获得。但由于内插方法和等高线的质量、区域地形特点等原因，在内插过程中将会损失高程精度，但通过优化算法，可以适合中小比例尺 DEM 的创建。这里采用格网 DEM。

2. DEM 数据的获取

格网 DEM 的平面位置用点的行列号隐含表示，文件中保存的是高程数据，DEM 的生成方法：以中小比例尺地形图为基本资料，数字化得到矢量等高线数据，再用 DEM 生成软件处理得到格网 DEM。地形其他各要素（如河流、道路、居民地、境界等）也同样通过数字化得到。

常见的三维地形图有线画和真实感图形两种。线画图具有算法简单、绘制快等优点，但它与真实感图形比较起来，视觉上的效果就差多了。另外，如果再在其上叠加河流、道路等线状地貌要素、堑壕、箭头等的话，整个画面就显得相当凌乱，效果就与使用地形图差不多了。真实感三维地形图，用面状的灰度变化来代替线的疏密表示，它不仅从空间上与实际地形保持精确的几何关系，而且从色彩、灰度、阴影及表面纹理等方面与实际地形保持一致。

3. DEM 的生成

传统地理信息的表示，不论是屏幕上的展示，或者在纸质地图形式的输出，都是以平面的形式表示的。由三维空间到二维平面变换的基本原理包括两个基本处理过程：投影变换和消隐处理。把三维物体变为二维图形的过程称为投影。根据投影中心与投影平面距离的不同，投影可分为平行投影和透视投影。常规的二维 GIS 的地图制图采用的就是平行投影。透视投影与平行投影相比，视觉效果更具有真实感，而且能真实地反映物体的精确尺寸和形状。

(五) 区域公路网络分析技术

1. 概述

网络分析是地理信息系统空间分析的一项基本功能，广泛应用于交通网络结构的分析、交通运输线路的选择、运输货流的最小成本分析、城市公共交通网络的规划等领域。长期以来，网络分析的核心一直集中于最短路径的分析。最短路径不仅仅指一般地理意义上的距离最短，还可以引申到其他的度量，如时间、费用、线路容量等。相应的，最短路径问题就成为最快路径问题、最低费用问题等。其实，无论是距离最短、时间最快还是费用最低，它们的核心算法都是最短路径算法。目前为人们所公认的最好求解方法，是由 E.W.Dijkstar 提出的标号法。但在具体实现中，多数求解方法在存储空间及运行效率上还存在着一定的问题。有的实现的最短路径方法就以牺牲存储空间的方法来换取算法的运行效率，有的实现的最短路径方法仅针对单幅地图数据，有的多图幅的网络分析还存在效率上的问题。基于多源数据的最短路径的分析研究则更少。这里重点研究和分析多源数据模型下的最短路径分析技术问题。

2. 多源数据结构与最短路径的基本思想

(1) 含义。在交通地理信息系统 (GIS-T) 研究中, 由于公路线路具有跨区域、线性延伸、动态变化的特点, 在公路网的设计、规划和管理中, 需要大量使用大区域、多尺度、多分辨率的地理信息数据。同时, 随着 "3S" 技术的应用, 也产生了大量具有不同数据来源的(外业实地测量、航空摄影图像、卫星图像、地形图、海图、航空图和各种各样地图)、不同的空间数据标准、特定的数据模型和特定的空间物体分类分级体系的多源数据, 这些数据往往具有空间数据的多语义性、多时空性、多尺度性、存储格式的不同以及数据模型与存储结构的差异等特点, 公路网的规划、设计与研究中往往需要采用这些多源数据, 并进行多源数据的集成, 以最大限度地降低地理信息数据的使用成本, 提高应用数据的质量。

(2) 多源数据背景下最短路径数据准备。多源数据背景下最短路径数据准备主要是构建拓扑关系及进行必要的数据准备。这里所讲的拓扑关系主要是指节点—链拓扑, 是做最短径分析必要的基础条件。在公路地理信息系统中, 公路的节点一般是线路的起止点、交叉点或路段的端点。所谓路段, 是指线路中性质基本一致的地段。线路分段的基本规则为: 行政区域发生变化; 技术等级发生变化; 路面等级发生变化; 路基宽度发生变化; 路面宽度发生变化; 管养单位发生变化; 独立的公路桥梁、隧道; 重复路段、穿越城市路段、断头路。

①用类别过滤不适合参与拓扑的数据。在交通层中, 包含国道、省道、县道、乡道等适合自动拓扑的类别, 但也可能包含铁路、高速公路等需要手工编辑处理才能参与拓扑的类别, 铁路与普通道路只能在车站处允许有节点, 高速公路则只能在出入口处与普通道路交会。因此, 创建拓扑必须指定合法的数据。

②跨图幅构建统一路网。在 GIS-T 中, 我们不对地图图幅进行物理上的合并, 只是通过地图图幅树索引 (DTIS_MapTree) 建立逻辑上的联系。但最短路径分析要求在同一数据格式同一分辨率下的多幅图必须建立一个统一的路网矩阵, 同时这个路网矩阵又必须关联着每幅图, 这就要求我们建立几个互相联系的路网数据结构。

三、公路地理信息系统在物流应用中的关键技术研究

(一)概述

1. 现代物流的基本内涵

所谓物流,其基本内涵可以定义为对原材料、中间产品及相关产品从生产地到消费地的流动和存储进行规划、实施与控制的全过程,通过这个过程使这些材料和产品的流动与存储达到最高的效率及最低的成本。其基本内容包括运输、仓储、配送、装卸、包装、库存控制等。

现代物流是在传统物流基础上发展起来的,一般认为,物流能力是企业竞争力的组成部分。近二十年来,产品销售与供应的服务质量逐渐成为企业制胜市场的决定因素,物流对提高服务质量的作用变得越来越明显。国际上知名企业或跨国公司的竞争,实际上也表现为物流能力的竞争。随着国际分工的发展和企业市场竞争的加剧,商流与物流的分离成为现代流通活动的基本趋势。物流是商流的基础,在整个生产供应链中,物流成本是企业除原材料最大的成本项目,一般占总成本的30%~40%,鲜活产品占60%甚至更多。实证分析显示,大型企业的物流业务交由专业化公司运作,可比自行设立配销网络节省20%~30%的成本。因此,作为一种先进的组织方式和管理技术,现代物流被广泛认为是企业降低物质消耗、提高劳动生产率以外的"第三利润源"。

2. 现代物流的基本特征

和传统物流相比较,现代物流的基本特征表现在如下几个方面:

(1)经济的全球化,使物流的组织呈现出全球化、网络化和标准化。

(2)计算机技术的运用,使物流企业可以在更大范围内组织和管理物流活动。

(3)物流管理方法和管理手段日益成熟。

(4)现代物流产业在国民经济中的比重日益增加。

从以上物流的定义和特征可以看出,现代物流就是建立在信息技术基础上的。但政府和企业参与物流的职能是不同的,企业是物流的主体,其目的是降低成本,实现利润的最大化,而政府则是对物流网络进行合理规划,

实现物流企业的有序竞争，最大限度地节约社会资源和成本，实现区域的可持续发展。但无论是政府还是企业，从事物流的管理都涉及物流基地和物流线路在空间的合理布局与规划，以便使物流运输尽可能快速便捷，因此基于GPS/GIS的物流信息管理系统的开发和应用，对于物流行业进行整体规划和建设，实现政府和物流企业的双赢具有特殊的地位与作用。

（二）物流地理信息系统的几个关键技术

建立和开发物流地理信息系统是发展现代物流业的基础性工程，是地理信息系统的重要应用。下面重点研究和分析物流地理信息系统中涉及的几个关键技术。

1. 大区域物流配送中车辆路径选择技术

（1）概述。物流，就是物质实体的流动，包括运输、存储、配送、装卸、保管、物流信息管理等各种活动。物流配送是物流的重要组成部分，包括货物集中、库存管理、车辆调度、配送运输等多个环节。按服务范围和服务对象来分类，配送中心可分成两种，即城市内配送和区域配送。区域配送是一种辐射能力较强、活动范围较大，可以跨市、跨省进行的配送活动。从GIS的角度看，物流配送可以描述为某一配送主体使用一定数量的交通工具，按照客户要求将货物由配送主体配送至客户指定地点的过程。这一过程包括运输车辆路线安排问题、定位—配给问题（LA）、定位—运输路线安排问题等。其中涉及物流配送线路的问题大量涉及图论、线性规划、线性代数等基础理论，这些问题大多要归结到区域物流配送中车辆线路选择（Vehicle Routing Problem，VRP）。以下重点分析与探讨大区域物流配送线路中的车辆路径选择问题。

（2）大区域物流配送体系中路径选择的基本问题：

①区域物流配送中车辆线路选择（VRP）的经典描述。VRP最早由Dantzig提出，其基本内涵就是对一系列发货点和收货点，调用一定的车辆，组织适当的行车路线，使车辆有序地访问它们，在满足特定的约束条件下，力争实现一定的目标（如车辆空驶里程最短、运输总费用最低等）。典型的VRP可描述为：a. 多个客户同时需要运输服务，且一辆车不能同时满足这些客户的要求；b. 每个客户只能被一辆车访问一次；c. 所有车辆从仓库出发，

并最终回到仓库；d. 所有的车辆必须满足能力约束；e. 车辆在路线上可以取 /
送货。

②大区域车辆路径选择（VRP）的本质是最短路径的选择问题。根据徐
丽群对 VRP 的定义，则旅行销售商问题（Traveling Salesman Problem，TSP）
实际上也是物流配送中的一个 VRP 特例。TSP 就是要求车辆从配送站出发，
经过多个配送点、最后回到配送站的路线选择。

在城市内部的物流配送中，由于地域范围较小，配送车辆和人员相对
固定，对线路、车辆承载力、客户时间窗口、服务优先等级等条件经过一段
时间的熟悉之后，会很快变得相对熟悉。而在大区域物流配送中的车辆线路
选择问题涉及的约束条件则非常多。诸如：a. 配送道路网络图；b. 各段道路
的运输成本；c. 货物配给点和货物接收点；d. 运输车辆的数量与能力；e. 配送
车辆必须在已有的道路上行驶；f. 配送车辆必须到达客户的指定送货地点；
g. 客户时间窗口；h. 服务优先等级，等等。霍亮、徐丽群、黄红分别讨论了
在上述条件下，物流配送的 VRP 问题，即通过如何选择行车路线和配送顺
序，实现配送路由的配送车辆数最少，配送路由的运输成本最低，使得资源
使用最合理，即配送路径、配送时间最短的目标。从 GIS 的观点看，大区域
车辆路径选择（VRP）的本质是最短路径的选择问题。

③VRP 最短路径选择的影响因素。对于大区域物流配送来说，假设上
面描述的条件已经满足，则影响大区域物流配送 VRP 最短路径的选择因素
主要包括区域公路网络的自身技术因素和公路网络中的交通流量变化等因
素。因此，本节将重点研究在上述因素影响下物流配送中的车辆路径选择
问题。

区域物流配送中车辆线路选择问题（VRP）的优化是实现配送路由的配
送车辆数最少、配送路由的运输成本最低，使得资源使用最合理，即配送路
径、配送时间最短等配送目标的重要途径。而 VRP 从本质上讲，就是最短
路径的选择问题。影响 VRP 的因素很多，在大区域的物流配送过程中，影
响车辆最短路径选择的主要因素是公路网络中的交通流量和公路网络的可
行路径。

2. 区域公共物流中心等级体系研究

（1）概述。由于公共物流中心是实现区域货物、商品从生产商到批发商

再到销售商，以及到最终消费者之间整个供应链的中间环节，因此对于一定的区域来说，公共物流中心往往是多中心的，而且提供的服务也是不一样的，公共物流中心的布局实质上是公共物流中心的选址和公共物流中心的规模与等级体系的建立问题。近年来，国内的一些学者依据 GIS 开始注重公共物流中心的布局研究。这些研究多侧重于研究物流中心的选址研究，而对多中心的规模等级体系的研究则比较少。下面以 GIS 和交通规划的相关理论为基础，重点探讨和分析区域公共物流中心的布局。

（2）区域公共物流中心布局的 GIS 原理。由于公共物流中心体系承担着区域配送、分发货物商品的职能，其布局的理论基础为中心地理论。

①中心地理论。中心地理论是由德国地理学家克里斯泰勒提出的。他认为，中心地是指具有供给中心商品职能（中心地职能）的布局场所，中心地因为提供商品的范围不同，中心地具有等级之分。低级中心地数量多，分布广，服务范围小，提供的商品和服务档次低，种类也少；而高级中心地数量少，服务范围广，提供的商品和服务种类也多。中心地的空间分布形态，受市场因素、交通因素和行政因素的制约，形成不同的中心地系统空间模型。无论是市场原则，还是交通、行政原则的中心地系统，都具有如下特点：

a. 中心地具有等级性，且其各级的中心地与中心职能相对应。

b. 中心地按照一定的规则分布，在市场原则下一般是三个中心地构成的三角形的重心是低一级中心地布局的区位点。

c. 各等级间的中心数量、距离和市场区域面积呈几何数变化。

②区域公共物流中心布局的基本要求。由于本节讨论的区域是具有几千平方公里和一定人口分布的区域，从 GIS 的观点看，区域公共物流中心一般是多中心。区域公共物流中心的布局需要涉及两个方面的问题：一是多个区域公共物流中心的选址问题；二是多个区域公共物流中心的等级规模。在经典的公共物流中心选址时，一般采用地理重心法、CLFP 法、Bau-mol-wolfe 法等（李振宇，杨松林，2003）。这些模型的特点是以各种费用之和为目标函数，求使费用达到最小的解。但这些模型在实际运用中存在许多问题，主要包括：

a. 模型常常假设需求集中于一点，而实际上需求来自分散于广阔区域内的多个消费点。市场的重心通常被当作需求的聚集地，而这会导致某些计算误差，因为计算出的运输成本是到需求聚集地而不是到单个的消费点，不能计算更为详细的配送成本。

b. 解这些数学模型时，往往没有考虑地形地貌、防洪、通风、采光等自然条件和地价、劳动力成本、运输条件等区位条件，以至于得到的结果其地理位置可能根本就不行，或者在地理位置上是最优的，但在经营环境下可能是次优的。在实际的物流中心选址时，要符合以下基本原则：符合城市用地规模，位于交通枢纽中心地带；靠近配送市场；靠近交通主干道；用地充足，成本较低。因此，区域公共物流中心一般应布局在区域的人口聚居多、工商业较为发达的城镇。

③区域公共物流中心规模等级体系确定方法。

a. 重要度法。根据中心地理论，区域公共物流中心是多中心的，而且不同的中心提供的服务不同，其规模等级是不相同的。由于影响区域公共物流中心规模的因素比较多，其评价与衡量的方法也比较多，但发达与便捷的交通是区域公共物流中心布局的重要影响因素，因此可以运用节点重要度作为衡量与确定区域公共物流中心等级体系的方法。节点重要度，是描述区域公路交通网络各节点之间相对重要程度的一个指标。根据社会经济、城市发展、人口分布等实际情况，一般选择总人口（反映城镇活动机能）、工业总产值（反映城市产业机能）、财政收入三项指标作为定量分析各节点重要度的指标。

b. 聚类分析法。在计算出重要度后，可以按重要度大小进行排序，用聚类分析的方法，将各物流中心划分为不同的层次。

区域公共物流中心是实现区域货物、商品从生产商到批发商再到销售商，以及到最终消费者之间整个供应链的中间环节。从 GIS 的观点看，区域公共物流中心一般是多中心。根据中心地理论，区域公共物流中心构成了具有多中心、不同规模的等级体系。不同级别的物流中心承担着不同的服务职能。本节引入公路网规划中的重要度概念作为衡量公共物流中心实力的指标。在确定城市重要度时，再用聚类分析的方法来确定区域公共物流配送中心的等级体系。由于重要度的计算，一般采用总人口（反映城镇活动机能）、工业总产值（反映城市产业机能）、财政收入三项指标作为定量分析各节点重要度的指标，而这些指标一般可以通过统计机构获取，是公开的数据，很容易得到，而且也比较权威。通过河南省公共物流中心等级体系的研究证明，这是一种十分有效可行的方法。

第四节　村村通工程的 GIS 技术研究

一、概述

(一) 村村通内涵

村村通公路就是对于每一个行政村要建设一条有油路面的出口路，与高一级的公路线路或节点相连接，行政村内部的自然村，由一条或多条支线道路与出口路或更高级的公路或节点连接。

(二) 农村公路的特点

农村公路所起的作用主要是服务于农村经济的发展，但同时也是国省干线公路网的延伸。与国省干线公路网相比，农村公路有自己的服务特点，农村公路包括县道、乡道和村道，是指连接县城、乡 (镇)、行政村及其他交通集散点，主要供机动车辆行驶并达到一定技术标准的公路。对于中国的大部分地区而言，农村公路包括"三路"，分别是：

(1) 出口路：包括通往经济中心、交通中心及连接国省干线的公路。

(2) 经济路：包括资源开发、旅游、小区域联片开发效益明显的公路。

(3) 通达路：打通具备建设条件的通乡、通村路，保证贫困地区公路的连通。

二、村村通的 GIS 原理

(一) 村村通的 GIS 问题

村村通公路工程实质上是区域公路交通网络在农村地区的延伸，其目的是要提高公路的通达深度和提高公路网络的集散功能。从 GIS 的角度看，如果仅考虑农村公路网的通达深度和覆盖度，而不考虑路网的回路的话，村村通工程就是形成以高一级的公路或出口路为主干，以行政村的村内道路为枝干的树状网络。因此，村村通的 GIS 问题就是求最小生成树的基本问题。

(二) 基本概念

1. 村村通的村

村村通的村是行政村，在农村地区是我国乡一级政权下面的村民自治单元。它是面积一般在几平方千米至几十平方千米 (尤其西部山区) 的多边形区域 (也有几百平方千米)。

2. 村村通的线路

(1) 出口路：每个行政村至少要有一条通往上一级公路或上一级节点的道路。

(2) 村内道路：行政村内部的道路，是各自然村之间相互联系的道路、自然村和出口路连接的道路以及自然村和干线公路、县乡公路以及乡镇以上节点连通的道路。

3. 村村通中的节点

从交通区位论的理论看，村村通工程是在县乡的背景下，实现行政村与乡镇及干线公路的连接，以及村内各自然村与出口路的连接，村内节点应为行政村的中心及各自然村。

(1) 村村通中县城或乡镇：县城或乡镇是县域或乡域范围及其以下地域的行政中心，是县乡公路网络向农村辐射的主要节点，在村村通中居于上级节点的层次，往往可以是村村通的起始节点。

(2) 村村通的资源中心：村村通的村是指我国最基层自治组织中的行政村，一般有几个或者几十个自然村组成。从河南省的情况看，平原地区由于人口居住比较集中，范围较小，而山区由于人口居住比较分散，面积较大。这些自然村由于人口数量、经济水平都不相同，因此其重要度也是不同的，行政村要有一个或多个中心。在 GIS 中这个中心称为资源中心，它可能为村委会的所在地，或村小学的所在地或村的几何中心，也可能是村的人口或经济中心。由于农村地区经济发展水平还比较低，其资源中心一般还是单中心居多，本章研究中假定行政村的资源中心为单中心。

(3) 村村通的自然村：行政村内的居民点。在行政村内因地形、河流等要素的变化呈自然形态分布，由于对外交往的需要，必然产生对外交通的需求，自然村是村村通公路中的最低层次的节点，是最小生成树的叶节点。

4. 欧氏空间

村村通的行政村、县、乡一般是面积在几十到几千平方千米的多边形地区，在笛卡儿坐标系下，可以用欧几里得距离进行度量。

5. 欧氏障碍空间

在欧氏空间范围内，具有影响道路走向、通达深度和节点分布的因素，包括河流、湖泊、山地丘陵、耕地、住宅用地等，该空间即为欧氏障碍空间。因为行政村的面积较小，这里的河流、湖泊一般为中小河流。在村村通中，广义的障碍空间包括了平原、微丘和山岭重丘区。

(1) 平原：地形平坦，无明显起伏，自然坡度在 3° 以下。

(2) 微丘：地面起伏相对高差在 100m 以下，地面坡度在 20° 以下。

(3) 山玲：地形变化复杂，地面起伏相对高差在 100m 以上，地面坡度大部分在 20° 以上的地形。

(4) 重丘：连绵起伏的山丘，具有深谷和较高分水岭，地面自然坡度一般在 20° 以上的地形。

6. 上路半径与支线半径

上路半径为行政村的居民到达村内支线道路以上的公路的距离。支线半径为村内由自然村到出口路的支线道路的距离。村村通的目的是方便农民出行，因此在村村通建设中，要力求农民的上路半径和村内的支线半径为最小。

(三) 村村通的 GIS 原理——最小生成树原理

通过对村村通的要求和含义的分析，行政村区域的道路网络结构为树状网络，村村通实质上是指行政村区域内由出口路为树干，以村内支线路为枝干，各自然村为叶节点，连接更高级公路或更高级节点的生成树。村村通工程实质上是确定最小生成树的问题。如果考虑到更一般的情况，村村通的核心主题是障碍空间的最小生成树的原理。

胡鹏在用地图代数研究数字水文分析模型时，提出了"分层剪枝，有序回溯"的方法，即将水系树状网络分成若干层，然后从树的叶节点即最低层，去掉最短的毛刺支流，同时保持最长的支流，层层归并，到最上层就形成了水流干线；最后，将去掉的毛刺支流按长度最小的原则，逐级向树上加，在加边的过程中要保证树的长度最小，且不形成回路。

和水系相似，行政村中的道路网络结构也为树状网络。同样也可以采用"分层剪枝，有序回溯"的方法。不过，由于行政村区域范围不大，村内道路网络的分层不宜过多，一般以二层或三层最为适宜。此时，网络的节点即为村内的居民地，需要对居民地进行分级；然后，从最低级的节点，去掉道路网络最短的毛刺，保留长度较长的枝干，逐层向上归并，最后形成的主干即为出口路；接下来，有序回溯，层层加入连接出口路与自然村的长度最小的枝干，但不能形成回路，并保证形成的树的长度最小。不过，在最小生成树形成过程中，并不是保留最长的枝干；在进行分层剪枝时，也要将资源中心以上的枝干剪除。

根据以上分析，在实施村村通工程求解最小生成树的过程中，需要求解如下问题：

1. 出口路的选择

出口路就是最小生成树的树干，它连接更高级的节点或公路。出口路的选择包括：

（1）出口路起点的选择。村村通主要是解决行政村的出口路问题，因此出口路的起点应该是行政村的上一级中心集镇或者是附近的上一级公路。从GIS 的观点看，实际上是寻找最近的高级中心或者最近的上一级公路。这里的上一级公路可以是干线公路或县乡公路。

（2）出口路路线的走向问题。村村通的线路走向应该是使沿线的居民到该线的距离为最短。自然村的道路如何方便地和行政村出口路连接，使连接自然村的树状道路最短，同时，区域河流、湖泊、地形、耕地等将影响线路的走向。线路走向实际上是如何寻找各居民点到该线距离最短路径问题。

（3）出口路终点即资源中心的选择。在当前村村通的实践中，有许多村村通的线路终点在村委会或村小学。若村委会或村小学的所在地位于行政村边缘的干线公路，位置很偏，则达不到服务全村的目的。反过来，如果是最远的自然村，则可能由于交通量不足，造成投资的浪费。因此，就有一个村村通终点的具体位置的选择。终点确定的理论基础应该是 GIS 的寻找区域的资源中心。对于我国中东部地区，由于行政村的面积比较小，一般多讨论单中心。

2.行政村内道路即自然村的进出道路问题

在行政村的边界内，各自然村的进出道路的确定，实际上就是到干线公路或出口路的路径最短，而各自然村的道路在空间上呈树状分布，各自然村就是树的叶节点。进自然村的道路的确定实质上是障碍空间的最短路径和最小生成树的选择。

三、出口路起点的选择

(一) 行政村外最短距离的选择

村村通出口路的起点实质上是出口路这个树干的根扎在哪儿的问题。对于村村通线路的起点有两种可能：一种情况是线路的起点位于附近的中心集镇，另一种情况是线路的起点位于高一级的公路上。如果行政村的边界不和高一级公路或者中心集镇相邻，则村村通线路在行政村的边界外的线路必须是最短路径，因为这毕竟是要占别的行政村的土地。此时，就要找行政村的边界与高一级公路之间的最短距离或行政村边界到中心集镇的最短距离。这实际上是求多边形到指定线路最短距离或到指定点最短路径的选择。

(二) 行政村多边形边界到指定线路或集镇最短距离的选择

对于行政村多边形边界到指定的线路或点的距离，可以采用地图代数的缓冲区分析方法。缓冲区分析是地理信息系统中最基本的空间分析功能之一，在很多行业都有广泛的应用。缓冲区分析是通过生成相关空间实体的缓冲区，并与相应图层进行叠置分析而获取信息的过程。目前，在地理信息系统领域内生成的缓冲区多是基于欧氏距离的缓冲区，即缓冲区为与所指空间实体或实体集一定距离范围内的面状或带状区域。但在一些场合下，其应用有一定的局限性，在公路网研究中，人们并不能沿直线从一处到达另一处，而必须沿已有的公路网到达。因此，在实际应用的很多场合仅考虑直线距离并不十分合理，甚至会出现错误。

四、村村通线路走向的确定

村村通的目的是实现每个行政村都有一条方便快捷的出口路，即要确定树状网络树干的走向，同时要能使附近的村民快捷地到达该道路上去，即要使上路半径最短。

(一) 村村通线路走向的基本问题

村村通线路走向确定需要满足如下问题：
(1) 线路的走向应使沿线的居民点到该线的距离最短。
(2) 乡村公路由于技术标准有限，在障碍空间中由于地形、耕地等因素的影响，线路的走向要有一定的弯曲，此时，应考虑如何使居民点到该线的距离最短，并使总里程最短。

(二) 村村通线路走向的确定

1. 专家经验法

对于线路走向的确定，可以按照行政村的地理环境、居民点分布等具体情况，由规划专家根据费用最省、居民出行最方便的原则，进行道路选线。

2. 最小二乘法

杨吾扬运用最小二乘法，探讨了为众多矿井服务的矿区公路的走向。由于村村通的一条出口路主要是为行政村的居民点的出行服务的，出口路的走向在进村过程中要有若干控制点控制走向，在主要控制点之间可以采用最小二乘法确定一条近似直线，使得沿线各居民点到该线的上路半径最小。

(三) 障碍空间最短路径的选择

若进村的道路遇到耕地、山地、河流等不可穿越的障碍物时，如何确定线路的走向，这实质上是障碍空间的最短路径选择问题。杨传勇运用地图代数的方法，探讨了欧氏障碍空间的最短路径的解法。胡鹏将最短路径分析分为两大类：一是有确定轨迹网络的路径分析，二就是无确定轨迹的路径分析。由于农村公路要求尽可能利用已有的道路，不占或少占农田、宅基地，因此村村通的线路走向的确定，准确地说是障碍空间有确定轨迹的最短路径选择问题。

这类路径分析主要包括最短路径分析、最优路径分析、最小生成树分析。其中，最短路径分析是基础。最短路径算法的主要设计思想是：以具有同样拓扑结构和流限制属性的虚拟网络系统代替研究对象，虚拟网络每个点都有可燃性，在起点点燃大火，火势沿网络路径传播，最先到达终点的火焰所经燃过的轨迹便是最短路径。

五、自然村进村道路的确定

(一) 自然村进村道路目标的确定

从 GIS 的观点看，各自然村的进村道路呈树状分布，自然村进村道路的确定就是在行政村内所有自然村都能十分方便地到达干线公路、县乡公路或者行政村的出口路上。因此，自然村进村道路目标不仅要求单个自然村的进村道路最短，而且行政村内的所有自然村的进村道路的总距离为最短。

(二) 自然村进村道路的选择

基于以上分析，自然村进村道路的选择，应是寻找最邻近的干线公路、县乡公路或行政村的出口路。在进行自然村道路的选择时，应尽可能地选择本行政村的出口路。此时，进自然村的道路的确定，就是欧氏障碍空间的最小生成树。胡鹏详细讨论了欧氏障碍空间的最小生成树，该方法完全适用于进自然村的道路的确定。

第五节 公路自然灾害的 GIS 研究

一、公路自然灾害的分类与形成原因

(一) 自然灾害的分类

通常把以自然变异为主因产生并表现为自然态的灾害称为自然灾害，

如地震、风暴潮等。自然灾害对人类社会所造成的危害往往是触目惊心的。自然灾害的分类是一个很复杂的问题，根据不同的考虑因素可以有许多不同的分类方法。在中国发生的重要的自然灾害根据自然地理环境要素作以下分类：气象气候灾害、地貌灾害、生物灾害、水文灾害、地质灾害、土壤灾害。

(二) 公路自然灾害形成的主要原因

由于公路网络是穿越大区域、长距离、线性延伸的地理实体，受各地自然条件的影响巨大，公路交通灾害是指由于自然的不可抗拒的原因，造成公路交通事故、环境失衡、交通阻塞，进而对国家和人民的财产和生命造成严重影响的后果。

1. 地质灾害

我国是一个地质灾害频发的国家，特别是我国的西南地区，地震、滑坡、泥石流等地质灾害已经成影响公路交通的主要自然灾害。公路交通地质灾害研究主要包括如下内容：

（1）工程区地理状况。地理条件包括地貌、行政位置、气候的因素。①交通及行政区划，反映工程所处的位置与交通情况，包括现有公路条件、所修建公路与其他公路的连接状态；②区域地势是影响公路建筑成本的重要因素；③区域气候，包括降雨量、温度等因素，影响公路的建设与维护。

（2）区域地质构造背景。地质背景根据地质构造条件可分为不同的地质单元，单元内部可分为更小的地质单元。地质单元内相对稳定，单元间存在差异，单元间的结合部位是构造的弱点。褶皱对路线的整体影响较大，而断裂发育处常是重点工程所在地。

（3）区域水文地质与区域工程地质。区域水文地质包括地下水类型、地下水埋藏条件、地下河与埋藏泉，在一些地区，如喀斯特地区岩溶等对公路建设有重大影响。工程地质主要包括岩石的硬度与破碎程度。

（4）不良工程地质现象。不良工程地质现象与地势及地质条件有关，平原区表现为下陷与塌陷，山区的地质灾害远较平原区常见，包括滑坡、崩塌、泥石流等。个别地区还包括地震活动的影响。

①滑坡分为表层滑坡和基岩滑坡两种：表层滑坡多发生在河谷两岸或陡山坡脚地带，基岩滑坡分为顺层滑坡和切层滑坡，顺层滑坡一般发生在强

风化的软硬夹层及碎屑岩分布地带，岩层倾角较陡，经人工开挖或地下水浸润，使其上覆岩层沿高角度层面向下滑动；②崩塌常发生在地势较陡的山区，常发生在深切河谷两岸的陡倾角或垂直裂隙发育的脆性岩石中；③下陷是基底较软造成的，常发生于平原地区与沼泽地带，塌陷是基底岩石受地下水侵蚀，形成空洞，达到一定程度后引起的地面崩塌，喀斯特地区的岩溶塌陷是最典型的情况；④泥石流的产生必须具备三个条件：降雨量大、土层厚与地势陡，喀斯特地区土壤较少。因此尽管降雨量较大、地势较陡，泥石流也很少。

2. 暴雨洪水以及雪灾

暴雨洪水和雪灾在我国发生频率高、范围广，成为影响整个国民经济发展的主要自然灾害之一，其破坏力和影响范围居各种灾害之首。暴雨洪水对公路的影响涉及路基、路面、桥梁、涵洞、护坡、驳岸、挡墙、坍塌、房屋等许多方面，其中影响较大、损失较严重的是路基和路面，这两项损失折款占总损失的50%~60%。在我国，雪灾一般在冬天发生于高原、新疆、东北等地区，其突出的影响是造成道路被大雪封闭，道路结冰。高速公路由于具有全封闭的特征，更容易造成道路拥堵。在春节前后，我国各地都会出现大批人员回家过年的史诗般大迁徙，更容易造成道路的长时间拥堵；再加上严寒的气候，很容易形成灾难性的事件。

3. 天气气象因素

公路交通特别是高速公路交通是受天气气象因素影响和制约非常敏感的领域；暴雨及其诱发的次生灾害山洪、滑坡、泥石流、崩塌等可以冲毁高速公路或桥梁。一般性降水不仅可以降低驾驶员的视线，而且可使山区、丘陵地段的高速公路路面打滑，增大高速事故发生率。

二、公路自然灾害的 GIS 数据组织

公路是区域之间人员和物资移动的重要基础设施，各地的自然条件的巨大差异，对公路建设和管理的技术和经济要求各不相同。在发生自然灾害后，公路又是进行抢险救灾的重要通道，如何快速地恢复被毁交通基础设施，是灾后重建的优先任务。因此，加强区域公路灾害地理信息研究，是公路网络建设的一项非常重要的任务。

（一）公路自然灾害 GIS 的空间数据

公路自然灾害 GIS 空间数据包括基础地图数据，自然灾害专题数据和遥感影像数据等。

1. 基础地图数据

基础地图数据是进行区域公路灾害 GIS 建立的基础，一般包括区域的国家系列标准比例尺（1：1000000，1：500000、1：250000，1：50000，1：10000）等基础地理数据，包括 DLG、DEM、DOM 等。局部地区可能还要有 1：5000、1：2000。或者 1：1000 的基础地理数据。基础地理数据对于自然灾害的空间定位，区域基本地理情况的掌握，其他来源的数据，包括自定义数据、遥感影像数据的配准分析都是十分基础的数据。

2. 公路专题 GIS 数据

在自然灾害频发的地区，各级各类公路线路、桥梁、隧道、服务区、道班等构造物数据是进行自然灾害预防和灾后恢复重建的基础数据之一。此外，公路的平面、纵断面、横断面设计及施工竣工资料（包括线路线型、里程、坐标、边坡及支挡结构物等）这些信息是地质灾害评价、预测和预报的基础数据。

3. 自然灾害专题 GIS 数据

在我国，不同区域，自然条件差别很大，对公路建设、养护、管理的数据类型差别是不同的。如我国西南地区，地处青藏高原和我国地势第二级阶梯的云贵高原、四川盆地、黄土高原等地理单元的过渡地带。高山、峡谷、大江大河、地震、断裂带、滑坡、泥石流等是影响公路交通的主要的自然灾害类型。西南地区的自然灾害专题数据就要包括自然灾害高发地点的专题图数据等，如构造断裂带数据地图、地震带分布图等专题数据。各种自然灾害的发生虽然具有一定的偶然性，但也具有一定的必然性。在历史上，其位置和发生的频率又是相对确定的，完全可以通过区域地理分析、野外调查与监测、遥感影像解译，各种地质灾害、洪水暴雨地图等途径获取。

4. 遥感影像数据

对于自然灾害已发地区，各种卫星遥感数据、航空遥感以及雷达、微波等遥感数据是进行抢险救灾和灾后恢复重建中获取实时数据的重要数据源。

现在，卫星遥感的多传感器技术已能全面覆盖大气窗口的所有部分，光学遥感包含可见光、近红外和短波红外区，以探测目标物的反射和散射热红外遥感的波长可从 $8\mu m$ 至 $14\mu n$，以探测目标物的发射率和温度等辐射特征，微波遥感的波长范围从 1mm 到 100cm，其中被动微波遥感主要探测目标的散发射率和温度，主动微波遥感通过合成孔径雷达探测目标的反向散射特征。微波遥感实现了全天时、全天候的对地观测，雷达干涉测量采用两副天线同时成像或一副天线相隔一定时间重复成像，并利用同名像点的相位差测定地面目标的三维坐标，高精度可达 5m ~ 10m，差分干涉测量测定相对位移量的精度可达厘米至毫米级，大大提高了自动获取数字高程模型的精度。

我国学者正在进行的研究包括利用新旧正射影像的对比，新影像与旧数字线地图的对比自动发现变化和更新数据库，最理想的方法是将影像目标三维重建与变化检测仪器进行，实现三维变化监测和自动更新。

进一步的发展是利用智能传感器，将数据处理在轨完成，而发送回来的直接为信息，而不一定为影像数据。通常，公路地质灾害分析一般是分析地形地势条件、地质构造、岩石与地层、水文地质条件等因素。分析这些因素的综合影响，从中得出灾害发生的重点区域与相关灾害的分布，利用遥感方法，可获得不同岩性的分布范围，褶皱、断层等构造的形态及分布，以及滑坡等地质灾害等信息，克服野外调查费时、费力的不足，且能够提供更加丰富的信息，缩短时间，提高效率。GIS 能够集成已有的野外调查资料，如水文地质调查、地质调查等的资料，以及一些勘探测量数据，将这些数据与遥感影像分析相结合，使提供的信息更多样、直观。

(二) 公路自然灾害 GIS 的属性数据库

在公路自然灾害的 GIS 中，需要各种灾害参数，这些参数详细地描述了各类灾害信息，如灾害的位置、灾害的特征、灾害发生地的年平均降雨量、最大日降雨量、地震烈度、地形地貌、岩层岩性以及对这些灾害进行计算分析的参数等。这类参数类型多，数据量大。这就涉及其属性数据库的设计与建立。这里，以地质灾害为例，描述公路自然灾害属性数据库建立的方法和要求。

1. 公路地质灾害标准数据库

公路地质灾害标准数据库主要是为用户提供建立属性数据库的标准，存储了各类地质灾害参数的定义信息，对每个参数都采用 "字段名称" "字段说明" "标识号" "类型" "宽度" "值域" "计量单位" "允许空值" 来定义。

2. 灾害分类数据表

标准数据库主要用于查询，是用户建立数据库的基础，标准数据库应该包含尽可能多的灾害参数。为了更好地管理、维护这些灾害数据，需要对灾害数据进行进一步的分类，对每一类灾害建立相应的数据库表

三、GIS 与公路自然灾害的预警、监测与预报

在进行区域公路规划、设计与建设中，都十分重视自然灾害对公路的影响，在可能发生公路自然灾害的路段一般都需要进行工程处理。如在易发生山洪的地方，就要有导流渠和涵洞。在易发生地质灾害的路段，要有护坡加固等措施。除此之外，建立公路自然灾害的预警、监测与预报系统也是减少灾害的重要非工程措施。

(一) 公路地质灾害预警、监测与预报

地质灾害的预警预报，就是要依据地质病害路段的工程实际情况，依托 GIS 的空间分析能力和图像功能，以发生地质灾害地段的地形、地物 (包括公路断面及支挡结构物)、地质情况、自然降水及地下水变化情况等空间图形数据和工程属性数据为计算分析基础，依据地质灾害 (主要是滑坡、泥石流、崩塌及塌陷) 类型及发生机理，确定地质灾害的发生因子及各因子对地质灾害的影响程度，建立正确可靠的数学模型，科学预测、预报各类地质灾害发生的条件、影响的范围、危害的程度，并沿公路路线形象表达各类地质灾害危险区划，为公路建设和管理单位提供准确的地质灾害长期、中期和短期预报，并为相关单位有效地控制地质灾害发生、整治地质灾害提供科学的决策依据。

在国内，各种地质灾害发生因子以及预测、预报模型的研究已有不少成果。

(二) 公路天气与气象灾害预报

天气与气象导致暴雨洪水、雪灾以及其他次生灾害对公路尤其是高速公路的正常通行产生极其严重的损害。这里以河南省高速公路的天气与气象灾害预报系统建设为例，说明公路天气与气象灾害预报系统应主要做好的工作：

1. 建立和完善监测系统

重点是加强路面自动监测，在易发灾害性天气路段，布设自动气象站、路面自动监测站、雨量自动监测站。站网密度间隔，要达到5km左右。在交通要道、事故多发地段、陡坡、急弯等地形复杂地段，适当增设路面站或能见度站。路面站监测的气象要素有：能见度、降水量、天气现象、气温、湿度、风向风速等。

2. 建立和完善信息处理系统

一是建立信息共享平台，将实时监测的信息和其他方面有关信息及时传输到平台上，并分发到预警预报业务单位。二是高管局到气象局可租用电信运营商光纤数字电路SDH一条（2M带宽）。三是配备更新设备。根据省大气探测中心现有保障能力，需增加通信机、服务器、路由器等设备，并通过防火墙对其他信息实行物理隔断。四是建立信息处理业务流程，确保各类交通服务信息及时传递。

3. 建立和完善预报预警系统

在建立七部新一代天气雷达系统和六部数字雷达系统组成的河南大气雷达网等16个河南省专业气象观测网及由5个气候观象台、120个气象观测站、400个加密自动站、1600个自动雨量站组成的河南区域天气观测网等组成的河南省大气探测网络的基础上，结合高速公路沿线加密观测网，通过省气象预报系统，对高速公路局地强暴雨、冰雹、龙卷风、雷暴、大风等中小尺度的灾害性天气全天候、全方位、全自动地监测预报预警。

(三) 公路地震灾害预报

地震是目前世界上最难准确及时预报的自然灾害之一，往往会导致公路的严重瘫痪，并影响灾后抢险救灾工作的迅速展开。GIS可以应用到地震灾害预报的空间分析中。

1. 在中长期预报中的空间分析

中长期预报是指几年至几十年或更长时间内的地震危险性的预报。地震危险性分析是根据现代构造活动特性和地震活动规律预测。首先，利用 GIS 的图层叠加功能将研究区的地壳形变图层、地质断裂带分布图层、地震历史震中分布图层及其他相关图层叠加起来，形成地震构造图。然后，利用 GIS 空间分析，显示或叠加显示不同的相关图层，按照地震构造类比和地震活动重复两条原则进行分析，并使用 GIS 的图形编辑功能划分研究区的潜在震源区，将其存成潜在震源区图层。接着，利用 GIS 的查询功能，获取各潜在震源区的地震活动资料，并对其进行统计分析得出地震活动性参数。最后，选取合适的地震危险性分析模型，使用地震活动性参数进行地震危险性计算，得出一个地区若干年内超越概率为 n 的某种地震动（如烈度）值，并利用 GIS 的图形编辑功能，绘出此地震动的等值线，将其存成新的图层，可方便查询或输出。

2. 在短临预报中的空间分析

短临预报是指几天至几个月甚至几小时内可能发生地震的时间、地点和震级的预测和预报，是根据中长期预报确定的危险区，在危险区分析各种前兆异常的时空规律来进行预报。

利用 GIS 的图层叠加功能，以基础地图层为地图，在上叠加地下水位、水化学、地磁、地电、地应力等各异常图层，在叠加时将基础地图层的颜色淡化，突出异常图层，并用不同颜色表示不同异常现象，用同一颜色的不同色相表示某一异常现象的强弱程度。对各异常图层进行叠加，使异常发生频度与强度的可视化提高了，可根据异常发生频繁度与强度划分出震源区。然后，利用遥感技术对震源区进行跟踪，并利用各种地震分析模型对此区域进行重点分析。在分析过程中，可以利用 GIS 的查询和缓冲功能，方便地获得各异常数据。也可利用其图形编辑功能，快速地画出各种分析等值线。可按震例统计得出的最佳组合与震级的关系叠加不同的异常图层进行分析，以及应用 GIS 的空间分析能力来判断工作区内各震源区的间距，来预估可能的震级。

第六节　GIS 在智慧交通中的应用研究

一、智慧交通

(一) 发展背景与需求

目前，我国的交通运输基础设施处于当今世界的领先水平，但仍然不能满足我国社会经济的快速发展，尤其是尚未妥善解决城市化进程加快而引起的城市交通问题。当前，我国的交通事业面临着以下几个方面的挑战：

（1）交通拥堵问题。我国城市交通拥堵大体经历了三个阶段，而缓解交通拥堵一直是贯穿始终的核心问题。

我国公共交通运营车数和里程数总体处于增长状态，但基础设施的供给仍无法满足日益增长的交通需求。虽然路越修越宽，可由于机动车保有量快速增加，使大城市交通拥堵加剧，降低了居民出行效率，城市反而越来越堵。

（2）交通安全问题。

据统计，全世界每年死于交通事故的人数堪比战争中的死亡人数。

我国交通安全问题的主要原因如下：

①交通安全意识淡薄。据统计，2013 年由于机动车违法导致的交通事故占全国道路交通事故总量的 89%，造成的死亡人数占总量的 91%。不按规定让行、无证驾驶、酒后驾驶、违反交通信号和超速行驶等机动车交通违法行为是导致事故发生的主要原因。

②机动车辆安全性能较差。我国机动车种类庞杂，数量大，但安全配置水平比较低。

③道路基础设施不完善。

④交通安全管理和运行机制存在缺陷。

⑤道路交通安全的法律法规不健全，存在立法层次不高、操作性不强、多头执法等问题。

⑥道路安全宣传力度不够。

（3）能源消耗问题。经济增长，城市化进程加快以及机动车保有量的迅猛增加，导致城市交通能耗迅速增长，能耗问题已上升到影响全人类可持续发展的全球性问题。

（4）环境污染问题。近几年，PM2.5 成为人们街头巷尾的热议话题。各大城市出现经常性的雾霾天气，京津冀地区尤甚。空气能见度低，加剧了交通安全威胁，而雾霾的罪魁祸首就是汽车尾气。据测算，纽约市一些街道上 45% 的交通量来自在街区间往返的人流。一年中，近洛杉矶市的一个小商业区内，轿车在寻找停车位时的车程加起来就相当于 38 次环球旅行的路程，消耗 178000 升汽油，排放 730 吨二氧化碳。随着我国机动车保有量的增加，机动车废气排放对城市大气质量构成了越来越严重的威胁。尽管排放限值标准逐渐提高，但由于交通量的快速增加，空气污染依旧有增无减，北京市汽车排放的碳氧化合物、碳氢化合物、氮氧化合物占排放总量的 40% ~ 75%。此外，交通噪声污染也日趋严重。据调查，机动车辆噪声占城市噪声的 75%。北京市的城市车辆不及日本的 1/10，噪声强度却比日本高出一倍。

城市交通在方便人们出行的同时，造成的污染问题严重影响到人们的日常生活。环境污染已成为影响交通可持续发展的重大问题。

为了缓解各种城市交通问题，人们尝试了各种办法，如建造地铁、轻轨、立交、智能交通等，但由于这些措施仅孤立地考虑了交通单方面的问题，没有综合考虑环境的承载力、资源的不可再生性，城市和谐发展等问题，虽然可以一时起作用，但不能彻底根治交通顽疾。交通发展问题是一个复杂的社会问题，具有广泛性、综合性等特点。基于此，人们开始反思交通发展的理念，提出了可持续交通、绿色交通、生态交通等新思想，在需求与供给、资源与环境、人文与自然、发展与生态之间不断寻求新的平衡点，在此消彼长的辩证博弈中，追求和谐的交通发展新理念。

交通可持续发展是城市可持续发展的重要组成部分，是可持续发展在交通运输领域中的具体体现。交通可持续发展在保证社会经济可持续发展与自然环境协调发展的同时，确保交通运输自身的持续发展。发展可持续交通，旨在抵消小汽车拥有量和出行距离增长的副作用，寻求交通与高质量城市生活、环境保护的协调，同时促进社会公平和可持续发展。

绿色交通是和谐的交通，意指交通与社会、经济、资源、环境等因素的和谐相处，与解决环境污染问题的可持续发展理念一脉相承。它强调的是城市交通的"绿色性",即减轻交通拥挤,减少环境污染,合理利用资源,促进社会公平。其本质是建立维持城市可持续发展的交通体系,以满足人民的交通需求,以最小的社会成本实现最大的交通效率。从交通方式看,绿色交通体系包括步行交通、自行车交通、常规公共交通和轨道交通。从交通工具上看,绿色交通工具包括各种低污染车辆,如双能源汽车、天然气汽车、电动汽车、氢气动力车、太阳能汽车等。绿色交通还包括各种电气化交通工具,如有轨电车、无轨电车、轻轨、地铁等。

生态交通是指按照自然生态、人文生态和经济生态原理规划、建设和管理的由交通网络、交通工具和交通环境组成的生态型复合交通系统。生态交通通过与交通和生态环境有关的环节进行系统研究、规划、管理,使交通不仅具有输送人流、物流、信息流及支撑和引导社会经济发展的功能,而且具备改善、美化、促进和优化周围生态环境的功能。生态交通具有适应性、超前性和进化性。城市生态交通将交通需求的满足与生态极限的约束为前提条件,在对城市进行建设以及交通规划的过程中,把因交通系统造成的资源、环境的影响降到最低程度,引导城市交通系统朝生态化方向演化。生态交通不再是只可以拉动经济的高能耗、高污染的交通,而是资源高效利用的、能源清洁的、环境友好的、生态健康的、行为文明的和景观美化的交通。

可持续交通、绿色交通和生态交通是不同时期人们提出的交通发展理念。它们在根本思想上是一致的,都是强调交通发展要和社会经济、生态环境相协调,绿色、和谐、文明是它们的关键词。

(二) 概念理解

如上所述,基于交通的发展,人们逐渐认识到交通对资源环境的影响,提出了交通与资源环境和谐发展的新构想。随着当代信息技术的发展以及智慧地球、智慧城市概念的提出,从技术上对交通系统实行精准控制,使其对资源环境的影响减至最低已成为可能。于是,当代技术背景下和谐交通的新理念——智慧交通就应运而生。

与智慧城市的概念类似,智慧交通概念的外延也非常广泛,涉及传统智能交通行业、车联网和汽车工业等多个行业,以及理论、技术、政策、工程建设和管理等诸多领域，不同的人从不同的角度有不同的提法和观点。

交通运输部对智慧交通的定义：智慧交通是对智慧中国、智慧城市等理念在交通运输行业的具体落实，是新一代的信息技术在交通领域的深度应用，为交通运输发展注入了更多的人性、科学、创新的元素，使之富有关于智慧的东方哲学内涵。智慧交通是智能交通的升级版。从技术内涵上看，智慧交通是感知交通、数字交通、掌上交通的组合体。同时，智慧交通又是科学交通、人性交通、创新交通。交通自古以来就不仅是简单地满足人和货物运输的需求，它总是和经济、文化、金融、贸易等社会经济的发展元素密切相关。所以，从更高层次理解，智慧交通具有更高的价值。

中国城市网对智慧交通的定义：智慧交通是现代信息技术与交通运输领域深度渗透融合的产物。把传感器和装备嵌入公路、铁路、桥梁、隧道、航道、港口、车站、载运工具等各种交通基础设施和要素中，互相连接，形成物联网，再与通信网、互联网连接，实现人类社会与物理系统的整合与交互。与传统智能交通相比，智慧交通对信息资源的开发利用强度更大，对信息的采集精度、覆盖度更深，是更为透彻的感知。与此同时，智慧交通将要实现的是更为全面的互联互通和更深入的智能化，它所产生的社会效益及社会影响力也更为深远。

比特网对智慧交通的定义：智慧交通在交通领域中充分运用互联网、云计算、人工智能、自动控制、移动互联网等技术，对交通管理、交通运输、公众出行等交通领域全方面以及交通建设管理全过程进行管控支撑，使交通系统在区域、城市甚至更大的时空范围内具备感知、互联、分析、预测、控制等能力，以充分保障交通安全，发挥交通基础设施效能、提升交通系统运行效率和管理水平，为通畅的公众出行和可持续的经济发展服务。

此外，还有一些专家、学者对智慧交通进行定义。中国科学院张祖群认为，智慧交通是政府主导、多方参与的一项包括智慧道路综合服务中心、智慧运输综合服务中心、智慧城市交通指挥中心、智慧港湾综合服务中心等子系统在内的综合系统工程。智慧交通是基于现代电子信息技术的面向交通运输的服务系统，具有以下特点：

（1）以信息收集、处理、发布、交换、分析、利用为主线，为交通参与者提供多样性的服务。

（2）利用先进的电子技术、通信技术、计算机和控制技术对传统交通运输系统进行改进和提升，从而提高交通运输的效能。

纵观上述观点，人们分别从制度、技术、建设、应用和影响等角度（或它们的组合）来阐释智慧交通的内涵，广泛而深刻。事实上，我们可以从以下四方面来认识和把握智慧交通的要点：理念上，智慧交通基于以人为本、可持续发展的理念；技术上，智慧交通是物联网、云计算、大数据等当代信息技术的集大成；目标上，智慧交通提升交通运输建设、管理和运营的效能以及人们的出行体验；影响上，智慧交通对资源环境的不利影响降至最小，倡导生态交通、绿色出行。

（三）智慧交通体系

智慧交通是一个开放复杂的巨系统，由许多关系密切的不同领域、不同功能的子系统组成。智慧交通系统需要由政府、企业、科研机构、高等院校和一般市民等众多主体参与，具有多主体、跨部门、跨领域、复杂性、系统性的特点。从技术的角度来看，智慧交通系统由全面感知层、网络通信层、云交换中心、网络应用层、核心应用层和用户层构成。

智慧交通以交通信息中心为核心，连接城市公共汽车系统、城市出租车系统、城市高速公路监控系统、城市电子收费系统、城市道路信息管理系统、城市交通信号系统、汽车电子系统等并进行综合性协同运作，让人、车、路和交通系统融为一体，为出行者和交通监管部门提供实时交通信息，有效缓解交通拥堵，快速响应突发状况，为城市大动脉的良性运转提供科学的决策。

智慧交通以信息的收集、处理、发布、交换、分析、利用为主线，为交通参与者提供多样性的服务。诸如动态导航，可提供多模式的城市动态交通信息，帮助驾驶员主动避开拥堵路段，合理利用道路资源，从而达到省时、节能、环保的目的。

智慧交通系统通过各类传感器采集并发布各类交通信息，引导交通。各类采集到的交通信息将统一汇聚到城市交通信息系统中心，进行分析处理。通过对汇聚的数据进行处理和挖掘，可对道路交通拥堵状态进行分析，为交通管理部门进行决策提供帮助。

智慧交通系统依托优势的有线和无线、固定和移动网络资源，强大的 ICT 服务功能，通过与业内优秀的产品和服务供应商合作，为交通行业客户提供信息化、智能化解决方案，从而有效提升交通行业信息化水平。

(四) 智慧交通内容

根据我国的实际情况，智慧交通建设的主要内容如下：

1. 交通管理与规划

智慧交通在交通管理与规划领域的建设内容包括三个方面：先进的交通管理系统、交通基础设施智能监控系统和交通运输规划决策支持系统。其中，先进的交通管理系统是重点，交通基础设施智能监控系统是基础，交通运输规划决策支持系统则属于长期宏观类型的应用。

先进的交通管理系统是目前交通管理所包含的各项业务的全面智能化升级，包括多手段、全方位的交通信息采集与路网状态监控系统，自动化的卡口监测系统，各类先进的电子警察监测系统，智能化的交通信号控制系统以及各种交通执法系统等。

交通基础设施智能监控系统，通过在海量的交通基础设施上部署各类先进的传感设备，实时获取其状态信息，这些信息为交通基础设施的维护和相关信息服务提供决策支持，该系统与具体的交通基础设施一起共同构成实施智慧交通所需的公共设施。

交通运输规划决策支持系统，基于智能交通系统和物联网基础设施建设中获得的海量历史与实时交通信息，利用各种先进的交通规划理论模型挖掘有价值的交通需求、供给以及运营效果等层面的信息和知识。将这些信息和知识资源提供给交通运输规划人员，并实现路网交通运输规划计算、评估以及仿真的各种实用功能，从而提高交通运输规划工作的效率、科学性和智能性。

2. 出行者信息服务

出行者信息服务领域包括的内容非常丰富，服务的分类方法多种多样。从系统建设独立性的角度分析，智慧交通在该领域的建设内容包括三个方面，即智能车流诱导系统、智能车载导航系统和多渠道信息服务系统。

智能车流诱导系统利用实时采集到的路网状态信息和交通需求信息，

以路网中分布式部署的可变信息板、可变交通标志、交叉口信号控制机、匝道控制器为信息发布载体，向在途机动车出行者发布实时路况、交通管制、路径诱导等信息。

智能车载导航系统是以车载终端设备为信息接收端向机动车出行者提供实时路况、最优路径以及动态路径引导服务的系统。

多渠道信息服务系统泛指其他多种多样的信息服务。信息发布渠道包括 Web 或移动 Web、广播、WAP、短信、语音、触摸式服务终端等，服务内容覆盖出行前、出行中乃至到达目的地并停车的全过程。

3. 车辆运营管理

智慧交通在车辆运营管理领域的建设内容包括智能公交系统、快速公交运营管理系统、轨道交通运营调度系统、出租车调度管理系统、公共自行车管理系统、智能商用车辆管理系统及特种车辆运输智能监控系统等。主要通过在目标车辆上安装必要的终端设备，实现高精度定位功能和高效的信息通信能力。通过车辆终端与中心系统的实时信息交互，实现对车辆的实时跟踪、安全保证、应急救援，实现对运营业务的优化调度、效率提升。

4. 电子收费

智慧交通在电子收费领域的建设主要体现为不停车收费系统（ETC）和智能停车系统。不停车收费系统是智能交通系统中起步较早、发展较成熟的建设内容。在物联网的全新技术背景下，随着传感技术和短程物物通信技术的进步，现有的不停车收费系统在技术先进性、同行高效性和服务可靠性等方面都将得到全面改进。此外，还将衍生出多种其他基于便携终端的自动收费系统。

5. 智能车流

智慧交通在智能车流领域的建设内容包括智能防撞系统和智能辅助驾驶系统。通过先进的车载电子系统、车载传感系统及车路无线短程通信系统，实现全方位的车辆避撞功能，包括纵向防撞、横向防撞、交叉路口防撞以及碰撞前的车辆、乘员保护等，还可以提供视野扩展等辅助驾驶功能。

6. 紧急事件与安全

智慧交通在紧急事件与安全领域的建设内容包括事件应急管理系统和紧急救援系统。

事件应急管理系统包括事件的预防、事件的检测与确认、事件的鉴别、事件的响应及事后管理、事件的记录等功能。该系统通过基于事实数据的智能事件检测算法以及各种人工汇报渠道获取各类交通事件，利用先进的交通事件影响分析模型对其影响进行分析，根据分析结果实时制订或调用预存的处理预案，实现快速高效的事件响应和处理。事件应急管理系统的目的是将各种突发事件对路网通行能力的影响限制在尽可能小的时空范围内。

紧急救援系统的主要服务对象包括机动车驾驶员、行人、摩托车驾驶员以及非机动车驾驶员等。该系统全天候地接收各类用户在车辆被盗、发生意外交通事故、车辆抛锚或者人身安全受到威胁等紧急事件下发出的遇险救援请求信息或信号。系统收到该信号后启动救援计划，根据请求发出的地点、请求援助的类型、距离最近的救援资源分布以及该领域路网范围内的实际情况，确定最快的救援路径，以最快的速度实施救援。

7. 综合运输

智慧交通在综合运输领域的建设内容主要体现为智能客货综合联运系统。该系统利用部署在货物、车辆上的各种传感与识别技术以及旅客的便携智能终端的功能，结合运输路径所在范围内的实时路况信息，实现客货运输信息资源的交换，大幅提升旅客联运服务和货物联运服务中的运输效率和服务质量。此外，近年来迅速发展的交通枢纽也构成综合运输的一部分。

8. 自动公路

自动公路系统的基本理念：在公路系统上铺设路面磁钉车道，控制中心可直接对每辆智能汽车发出指令，调整其行驶工况。自动公路系统是智慧交通中最先进的应用领域之一。为了实现车辆的自动驾驶，需要在车辆上安装先进的车辆控制系统，该系统利用车载传感器、车载计算机、电子控制装置以及安装在路侧的电子设备，实现车与路之间和车与车之间的信息交换，从而检测周围行驶环境的变化情况，进行部分或完全的自动驾驶控制，以达到行车安全和增强道路通行能力的目的。

9. 汽车移动物联网

汽车移动物联网，简称车联网，是物联网在交通领域的具体应用。在物联网的技术背景下，交通系统中的人、车、路等组成要素的泛在感知能力将逐渐实现，这相当于提供了覆盖率极高的海量信息采集终端和信息发布终端。

在物联网的环境中，以汽车移动计算平台为核心，利用泛在感知能力，可以对现有的几乎所有智能交通系统进行升级强化，建设基于物联网的路网车辆状态监控系统、基于物联网的交通控制系统以及基于物联网的信息服务系统等。

二、GIS 在智能交通系统中的应用

(一) 基于 GIS 的智能交通系统

为加强公路的运营养护管理，需要减少因交通拥堵造成的交通延误，并在交通高峰期提高车流量和车速。在道路通行能力不变的情况下，通过对交通流的流量、方向、空间和时间进行组织和调整，以便实现交通运行系统的整体最优化。

智能交通系统参考当前交通流量和道路状况，根据车辆进入路网的起点和目的地，经过算法优化计算，为行驶车辆提供最优行驶路线。该系统提供国家和地方主干道实时路况信息，有助于交通管理人员采用主动控制方式，来实现道路的协调和控制，使车流在空间和时间域内均匀分布。提供的最佳路线指导对于交通参与者来说是很有益的，可以缩减通行时间，同时也缓解了交通拥堵，避免交通事故，使国家和地方公路网畅通无阻。智能交通系统可以根据路网各路段的交通需求和交通信息，实时分析道路当前的通行能力和运营状况。在系统的引导下，交通出行者合理使用路网，安排合理的交通路线和适当的交通出行时间，充分避免城市与国省干线道路连接路段之间的交通瓶颈。不仅提高了投资主体的经济利润，还可以显著减少交通事故，节约能源，节省出行时间，提高出行效率，带来更好的用户通行体验。

(二) 智能交通引导系统框架结构

道路智能交通系统分为交通信息采集、CPN 模拟、通信、交通信息处理与分析、交通信息发布五个部分。每个部分包含不同的结构元素，并具有相应功能元素的组合。在交通信息处理和分析层，信息查询模块主要用于设施查询和路线查询。当用户输入相关设施和路线时，该设施或路线及其相关信息会在地图上突出显示。CPN 通信模块主要通过建立道路流量系统与

CPN 模型之间的通信，来获取实时交通流量信息。交通流模拟仿真模块根据实时交通流数据，在地图上用不同颜色的线段，突出显示国家和地方干道各路段的实时交通状况。红色表示道路拥堵，黄色表示行驶缓慢，绿色表示道路通行顺畅。

引导分析模块采用优化的最优路线算法，结合国家和当地的干线道路交通状况、障碍物信息和基本路况，基于用户指定的起点和终点，分析计算最优路线，并高亮显在地图上。

（三）交通流诱导系统属性数据库结构设计

1. 道路信息数据结构

国省干道道路信息的数据结构主要包括道路主键 ID、道路长度、道路名称、交通流量、起始桩号、结束桩号等。

2. 道路病害信息数据结构

道路病害信息数据结构主要包括病害主键、业务 ID、前景 ID、病害图片 ID、道路编码、道路名称、设施 ID、设施类型、工程类型、病害所在位置、道路方向、上行内圈及下行外圈、桩号、病害类型代码、修补类型、病害量化、裂缝宽度（mm）、网状裂缝面积、损坏程序代码、病害严重程度、信息来源、是否新发现、84 坐标系经度、84 坐标系纬度、百度坐标系经度、百度坐标系纬度、采集时间、采集人、采集单位、备注、路段开始桩号、路段结束桩号、天气、设备 ID、道路类型、创建时间。

3. 轨迹信息数据结构

轨迹信息数据结构主要包括位置信息主键、设备 ID、纬度、经度、速度、方位角、高程、卫星数、时间、转换纬度、转换经度、是否同步、是否在道路、创建时间。

（四）动态交通流诱导系统功能的实现

1. 信息查询功能

信息查询功能主要为用户提供地理数据查询。系统根据用户输入的相关设施或路线进行查询，查询后，会在地图上突出显示该设施或路线的位置及相关信息。

2. CPN 通信功能

该系统的动态交通流信息数据是通过使用 CPN 工具，对交通网络进行建模和背景仿真后得到的。CPN 通信模块利用 PHP 语言和 Socket 通信能力，建立 CPN 工具连接，获取动态交通流信息，为交通流模拟和引导分析能力提供基础交通流数据。这是一个非常重要的模块。用户在"连接服务器"对话框中输入 IP 地址和端口号后，单击"连接"按钮。在 IP 地址和端口号正确且网络权限畅通的情况下，会弹出连接成功按钮。之后，CPN 工具与交通流引导系统建立连接，系统自动接收来自 CPN 的交通流数据。

3. 实时车流仿真功能

通过 CPNTools 后台模拟得到的交通数据反映了该路段的交通状况。系统将路况分为四个等级，用四种颜色代表不同的路况。绿色代表道路畅通，蓝色代表道路缓慢行驶，黄色代表道路轻微拥堵，红色代表道路拥堵。SuperMap 对象的追踪图层用于在数字地图上实现此功能。

4. 诱导分析功能

用户指定起点和终点，诱导分析功能据此动态分析出最佳出行路径，并在地图上进行高亮显示。具体操作如下：登录系统后，首先加载国省干道数字地图，选择"诱导分析"菜单下的"最佳路径分析"，将出现诱导分析对话框。按对话框要求添加节点，并逐步操作，系统会动态分析最佳路径，并在地图上高亮显示。

参考文献

[1] 许世燕，赵亮，钱超 . 公路隧道机电系统 [M]. 北京：人民交通出版社股份有限公司，2022.

[2] 王树兴 . 高速公路隧道智能监控管理技术 [M]. 重庆：重庆大学出版社，2019.

[3] 徐志胜，谢宝超，张焱等 . 公路隧道通风排烟及人员疏散 [M]. 北京：机械工业出版社，2021.

[4] 张睿，杜江林，方勇等 . 米仓山特长公路隧道通风竖井建造技术 [M]. 北京：人民交通出版社股份有限公司，2021.

[5] 蒋雅君，方勇，王士民等 . 隧道工程 [M]. 北京：机械工业出版社，2021.

[6] 张欣 . 异形城市隧道通风特性及污染物协同控制技术 [M]. 北京：中国石化出版社，2021.

[7] 金斯科，金佳丽，龚延风 . 顶部开口浅埋公路隧道流场特性及自然通风机理 [M]. 北京：中国建筑工业出版社，2019.

[8] 卢斌，朱广河，范宇昊 . 隧道通风与运营设施 [M]. 成都：四川大学出版社，2015.

[9] 牛强，严雪心，侯亮 . 城乡规划 GIS 技术应用指南 [M]. 北京：中国建筑工业出版社，2020.

[10] 赵会丽 .GIS 技术及应用 [M]. 郑州：黄河水利出版社，2019.